「遊んでないで」と言わないで

おもちゃと遊びのキッズビジネス

柏木恭典

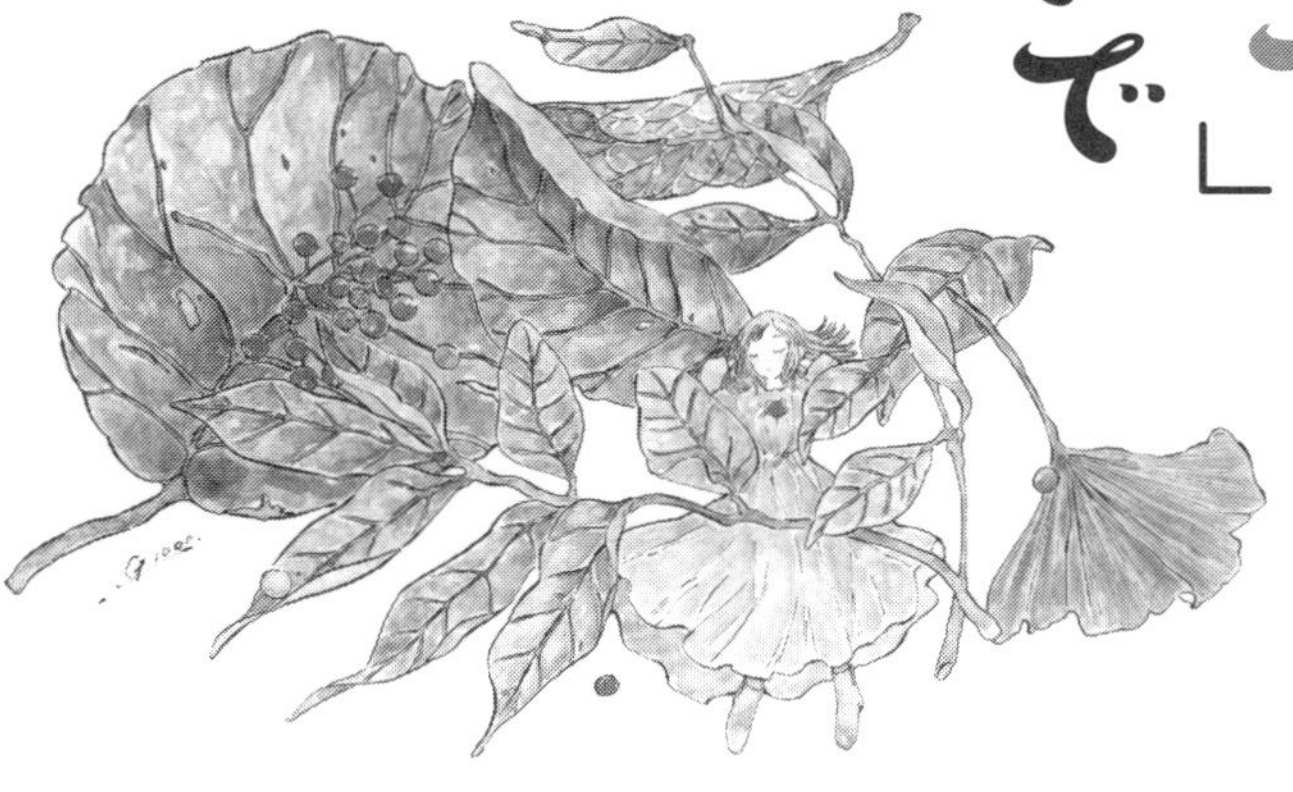

一茎書房

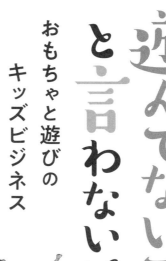

FÜR KINDER IST NUR DAS BESTE GUT GENUG

Margarete Steiff

はじめに

日本で最も有名なマンガのひとつである『ドラえもん』。

ドラえもんの相棒といえば、「野比のび太」。

のび太のママは、いつものび太に怒っている。0点を取って家に帰って来るのび太に、激怒して、「遊んでばかりいないで、勉強しなさい！」と怒鳴る。そして、すぐにまた遊び始めようとするのび太になんとか勉強させようとする。

しかし、根っからの遊び好きなのび太は、そのママの目を盗んで、遊びに出てしまう。

学校のテストはいつも0点だが、遊びに関していえば、のび太ほど遊びに長けている子はいないだろう。のび太はいつでも遊んでいる。

子をもつ親であれば、のび太のママのようなことをつい言いたくなる。「遊んでないで、勉強しなさい！」、「もういいかげんに、遊びはやめて、宿題しなさい！」、「いつまで遊んでいるの！　やることとやってから遊んで！」等々。

もちろん親も、完全に「遊び」を否定しようとしているわけではない。「遊んでばかり」が嫌なのである。遊んでばかりの子どもを見ると、「この子は、将来大丈夫なのか？」と心配になるのだ。

その将来は何かというと、いずれ到来する「受験」や「就職」のことである。遊んでばかりいる子どもとなると、受験には失敗するし、就職活動も厳しくなる。子を想う親であればあるほど、子どもの将来を、受験を、就職を心配するのだ。その心配は、別におかしいことでも、間違ったことでもないだろう。

だが、その一方で、こうも思う。「勉強ばかりして、遊んでいない子どもは大丈夫か？」と。ドラえもんで言えば、のび太のクラスメート「出木杉英才くん」のような子のことだ。出木杉くんは勉強ばかりしているわけではないが、実際には、勉強ばかりしている子どもも少なくない。

子ども自身が勉強好きで、自分から喜んで勉強するような子であれば、それはそれでよいかもしれない。しかし、それでも、のび太がずっと遊んでいるように、ずっと勉強ばかりしていたら、親は逆に心配するだろう。「勉強ばかりしてないで、少しは遊んできなさい！」と。

今の時代、のび太タイプと出木杉タイプだとどちらが多いだろうか。なんとなくのび太タイプが多いようにも思うのだが、実際には、「勉強ばかり」の子どももかなり多いようにも思える。

勉強ばかりやって、空いた時間は、テレビとゲームとＹｏｕＴｕｂｅ（その他のネット配信）。その無限ループ。そんな子どもも、今の時代では決して少なくないのではないか。

ふと思う。子どもの遊びには、そもそもどんなものがあっただろうか、と。思い返すと、虫とり、魚とり、かくれんぼ、鬼ごっこ、おままごと、将棋、オセロ、かるたやトランプ、ジェンガ、凧、剣玉、ヨーヨーなど、ざっと考えただけでも実に様々な遊びがある。

そういう色々な遊びをあれこれと試して楽しんでいる子どもは、今の時代に、果たしてどれだけいるのだろうか。

右の話は、小学校や中学校の子どもたちの話だ。

小学生以下の乳幼児に対してとなると、どうだろうか。乳幼児に対して、「遊んでないで、勉強しなさい！」と怒る親は、そんなに多くはないだろう。一部の「幼稚園受験」や「小学校受験」に必死になる親は、乳幼児に対して、このセリフを言うかもしれないが、日本全国で考えると、まだまだそれほど多くはない。

むしろ、逆に、「よく遊べ」と言わんばかりに、子どもに遊び道具を、つまり「おもちゃ」を買い与えているのが、現状ではないだろうか。父母だけでなく、祖父母も喜んで

「新しい孫」にあれこれとおもちゃを買ってはプレゼントしているのではないだろうか。「六ポケット」という言葉もある。

それに合わせてか、乳幼児向けの知育・教育玩具・教具もたくさん売られている。その数は増えていく一方だ。知育玩具や教育玩具の売り上げはいつでも好調だ。

大人たちは皆、乳幼児たちには、「よく遊べ」と願っている。

それは、保育園や幼稚園の先生たちも同じだ。幼稚園の先生や保育士たちも、「遊びを通じて学んでほしい」と願っている。遊びを通じてよく成長してもらおうと考え、日々、あれやこれやと様々な遊びや教具を子どもたちに提供している。

しかし、そんな大人たちも、やはりつい、子どもの「将来」のことを考えてしまう。もちろん、その将来というのは、「受験」や「就職」である。

そして、できるだけ「賢い子ども」に育てようと考えてしまう。大人のエゴというか、邪心というか、損得勘定というか、そういう欲望から、早期からの教育を考えてしまうのだ。「この子には、できるだけいいおもちゃを与えて、少しでも早く賢くなってもらいたい」、と。

そんな欲望に応えるべく、おもちゃメーカーもあれこれと考えている。「脳の発達によいおもちゃ」「コミュニケーション能力が向上するおもちゃ」「ＩＴスキルを身につけるおもちゃ」「非認知能力を高めるおもちゃ」など、子どもが賢くなりそうなおもちゃを次から次へと発売する。

ただ遊ぶだけのおもちゃではなく、遊ぶことで賢い子どもになりそうなおもちゃを大人たちは欲しているのだ。ただのおもちゃではなく、よい教育の手段としてのおもちゃだ。そんなおもちゃを「教育の手段」とみなす状況に対して、松田恵示は、次のように警告する。


おもちゃはよく「教育の手段」として取り扱われる。しかし、この点こそが「教育の近代」に生きるわたしたちのある種の囚われであり、現代社会の生活の中から「おもちゃで遊ぶ」ことを消失させていく一つの契機でしかない。おもちゃは「遊ぶ」ための道具であって、「学ぶ」ための道具では決してない。しかし、それが「選ばれる」ことによって、結果的に「学ぶ」ことはよくあることである。（松田、2003：173）

おもちゃは、「教育の手段」ではなく「遊ぶための道具」だ、と松田は言う。当たり前の話だが、この言葉にハッとする。また、手段としておもちゃを取り扱うことを「囚われ」だとも言う。

もしかしたら、子どもの将来を案じることもまた囚われなのかもしれない。親が勝手に子どもの将来を心配して、勝手に先走って、勝手に受験や就職のためのお膳立てをしているだけに過ぎないのかもしれない。おもちゃは遊ぶための道具であるし、子どもも、遊ぶためにおもちゃを求めている。おもちゃ自体も、子どもにいっぱい遊ばれることを求めているはずだ。

遊んでばかりの子どもがいる一方で、遊びをほとんど経験していない子どもがいる。それだけでなく、将来の役に立ちそうな遊びばかりを押しつけられている子どももいる。

では、大人たちが嫌がる遊びとはいったい何なのか。将来の役に立ちそうにない遊びは、子どもが生きていく上で本当に役に立たないものなのか。「遊んでないで」と否定される遊びは、いったいどのような遊びのなのか。

これが、本書のメインテーマである。

これから本書でじっくりと考えていくが、遊びを突き詰めていくと、「遊ぶこと」は決して楽なことでも、息抜きでも、気晴らしでもない。むしろ、自分自身のすべてを賭けた緊張感や張りのあるスリリングでリスキーな行為であり、何かを学ぶための手段や方法におさまるようなものではないのだ。

本書は、主に三つの章で構成されている。

第1章では、まず本書が生まれるきっかけについて触れる。そして、子どものおもちゃや遊びにかかわる業界を「キッズビジネス業界」と名付けて、その実態に迫っていく。いったいキッズビジネス業界はどんな業界で、どんな業種があり、どのようなカテゴリーに分類されるのかを示す。

次いで、おもちゃと同じくキッズビジネス業界の柱となる「テーマパーク」に着目する。最初に、日本で最多の来客者数を誇る東京ディズニーランド・シーを取り上げてから、テーマパークを超えた新たな乳幼児~子どものためのレジャー施設の創造を実現し、「おもちゃ遊び」を中心に据えた「おもちゃ王国」の秘密に迫る。そして最後に、キッズビジネス業界を牽引してきた創業者たちの言葉を取り上げ、おもちゃに込める想いや願いに耳を傾ける。

第2章では、「おもちゃ」にスポットライトを当てる。まず、おもちゃと遊びの基本的な考え方を示し、代表的なおもちゃである「ぬいぐるみ」と「人形」を取り上げて、その成り立ちや背景に迫る。

次いで、実際のおもちゃの役割について考える。世界にはどんなおもちゃがあり、またそのおもちゃは人類史の中でどう発展してきたのか、そのおもちゃが子どもに与えるものは何なのか、そしてそのおもちゃはいかに子どもに経験されているのか、などについて考えていく。

後半は、キッズビジネスの各論となっている。実際、大人たちがあまり好まない遊び、たとえばガチャガチャ、マンガ、ゲームなどをそれぞれ検討する。

第3章では、第2章の考察を踏まえた上で、「遊び」とは何なのかについて真面目に真剣に議論する。遊びと気晴らし、または遊びと労働（あるいは学び）は、そもそもいかなる関係にあるのか。遊びを通じて学ばれるものはいったい何なのか。これまでの遊び論で展開されてきた話を盛り込みながら、息抜きでも気晴らしでもなく、また何かを学ぶ手段や方法でもない「遊び」の真実に迫る。そして、その遊びを子どもから奪う真の大きな敵とは何かを明らかにしたい。その真の大きな敵こそ、われわれ大人たちが団結して戦わなければならない厄介な存在なのである！


本書は、子どものおもちゃや遊びにかかわるすべての人に向けて書かれている。子どもはなぜおもちゃと遊ぶのか。遊びを通じて、子どもはいったい何を経験しているのか。子どもにとって最高のおもちゃとは、最高の遊びとは何か。本書を通じて、おもちゃと遊びの見方や捉え方が少しでも変われば幸いである。

きっと、本書を読んだ後は、もう子どもに「遊んでないで」とは言わない人になっていることだろう。

Stay hungry, stay childlike!

引用文献

松田恵示、『おもちゃと遊びのリアル――「おもちゃ王国」の現象学』、世界思想社、２００３年

目次

第3章　遊ぶために遊ぶ子どもたち
——遊びと社会の小さな哲学——

第1章

子どもの世界を彩るキッズビジネス業界

第1節　キッズビジネスの世界へ

なぜキッズビジネスか

２０２１年４月、私が勤務する千葉経済大学短期大学部こども学科に新たなコースが誕生した。その名も「キッズビジネスコース」。

本学の特徴を生かし、こども学科の「教育学・保育学」とビジネスライフ学科の「経済学・経営学」の双方を学べるコースで、おそらく他の大学や短大にはない本学独自のカリキュラムになっている。

こども学科キッズビジネスコースは、初等教育コースや保育コースとは異なり、「小学校教諭」、「幼稚園教諭」の免許や「保育士」の資格を卒業時に取得することはできない。「先生の免許も保育士の資格も取得できないのに、入学しようと思う学生はいるのだろうか」。

このコース創設の話を聞いた時、正直、私自身も戸惑い、「免許も資格も出ない短大の新コースに、いったい誰が入学するのだろう?」と半信半疑だった(1)。大学でさえ全入時代を迎えつつある今、「短大で『キッズビジネス』を勉強したいから入学を希望します」という高校生や社会人など、いるのだろうか。本学のみならず全国の保育・幼児教育系の大学や短大で目玉の「免許」「資格」の取得を前提としない「キッズビジネスコース」に、いったいどれほどの需要があるのか。

だが、実際に1年目の新学期を迎えると、キッズビジネスコースを選んで入学してくれた学生がいたのだ。創設1年目の2021年も、翌年の2022年も、このキッズビジネスコースに入学してくれた学生がいたのである。

これには、キッズビジネスコースを担当することになった私にとっても意外な驚きだった。とても嬉しかったが、その一方で、「どうして?」という気持ちも消せなかった。なぜ、資格も免許も取得できないキッズビジネスコースに入学しようと思ったのだろうか。

その理由を本コースの学生たちに尋ねてみると、

○子どもには興味があるけど、幼稚園の先生や保育士になりたいわけではなかったから。
○子どものおもちゃや洋服に興味があったから。
○子ども向けのキャラクターやテーマパークが好きだから。
○子ども関連の一般企業に就職したかったから。

○一般企業に就職しつつ、子育ての勉強もできると思ったから。
○早く結婚して、よいお母さんになりたかったから。
○このコースに入学して勉強した後に、大学編入を目指すか、一般就職を目指すかを決めたかったから。

といった回答を得た。「なるほど！」と思うものから、「あれれ……」と思うものまで、本当に一人ひとり、それぞれの理由をもってこのコースに入学してきたようだ。

キッズビジネス論を創る！

しかし、この新たなコースを始めるにあたって、頭を悩ませる事態に陥った。
本来、私は「教育学」、「母子支援」、「赤ちゃんポスト」などを研究する人間であり、キッズビジネスの世界に詳しい人間ではないし、キッズビジネスの現場に立ったこともない。第2章と第3章で論じる「おもちゃ」と「遊び」については個人的に（いわば「遊び」で）趣味的に学んではきたが、キッズビジネスの世界はまったくの「未知の領域」である。
それだけではない。そもそも「キッズビジネス学」や「キッズビジネス論」などという学問分野は存在しないし、それに関連する書物もないのだ。当然ながら、「キッズビジネス入門」のような教科書もない。「キッズビジネス」というワード自体が未知であり、未開なのである。英語で「Kid's business」を調べると、いくつか「子どもをビジネス・パーソンにする」というテーマでの文献はあるが、これはわれわれの想定するキッズビジネスではない。われわれが想定するのは、子どもの幸福を願う、子どものためのビジネス論である。

となれば、学生たちと一緒に、「キッズビジネス」のことを色々とプラグマティックに学んでいけばよい。そして、キッズビジネス論を創っていけばよい。そう思うに至った。私の専門は、教育学や保育学であり、おそらく普通の人よりも少しは「学び方のコツ」を摑んでいるつもりである。学びながら、動きながら、理解を深めていけばよい。学ぶべき事柄は何かも、学びながら考えていけばよい。"Learning by doing" だ(2)。何か解決すべき問題があるなら、その時にその問題に向き合えばよい。学生たちと一緒に、このキッズビジネスコースを創っていこう。

そこで、キッズビジネスに関係しそうな本や論文をかき集め、それを読み込み、またその業界の動向を調べ、どのような企業があるのかをリサーチした。また、本コースのゼミでも学生たちも巻き込んで、キッズビジネスの世界がどうなっているのかをみんなで調べた。

そうすると、キッズビジネス業界は、すそ野が広く、とても活気に満ちた業界だということが分かってきた。その話から始めていくことにしよう。

キッズビジネスのカテゴリー

まずは、キッズビジネス業界はどのようなものなのか。それをカテゴリーに分類してみたい、と思った。

日本国内外にあるキッズビジネスに関連しそうな企業や組織を調べ、それをジャンルに分けて分類すると、以下のようになった。

ジャンル	企業形態・企業名等
おもちゃ・玩具・遊具・カードゲーム、パズル等	タカラトミー、バンダイ、LEGO、ボーネルンド、ブシロード、エポック社など
テレビゲーム・ゲーム機・ゲームアプリ	任天堂、SONY、マイクロソフト、コナミデジタルエンタテインメント、スクエアエニックス、セガサミーなど
おもちゃ・玩具・遊具等専門店、量販店	博品館、ヤマシロヤ、エディオン、白牡丹、トイザらス、ヨドバシカメラ、ビックカメラ、イオン、西松屋、アカチャンホンポなど

人形（ドール）・ぬいぐるみ・フィギュア・ロボット	シュタイフ、サン・アロー、サンリオ、キディランド、サンヨープレジャー、GSクラフト、シュライヒなど
グッズ・キャラクター・デザイン	KADOKAWA、キャラバン、ムラカミ、サンクリエート、ブロッコリー、ケイカンパニーなど
子供服・ファッション・アパレル・ランドセル	ミキハウス、BeBe、BREEZE、Sense of Wonder、メゾピアノ、アナスイミニ、ユニ・チャーム、ファミリアなど
菓子・スナック・グミ・駄菓子	やおきん、HARIBO、クラシエフーズ、おやつカンパニー、グリコ、ロッテ、不二家、カルビー、雪印など
食品・粉ミルク・ベビーフード・給食	ACA Next株式会社、和光堂、キューピー、ヤクルト、ピジョンなど
ベビー用品、育児グッズ・マタニティーグッズ	マクラーレン、キッズエンターテイメント、パンパース、アップリカなど
安全・防犯・予防対策	レカロ（チャイルドシート）、セコム、アルソック、テクノ産業など
児童書・出版・知育教材・知育玩具	フレーベル館、学研、パイロットインキ、くもん出版、偕成社、ポプラ社など
キッズレジャー・旅行代理店・ホテル等	JTB、HIS、星野リゾート、JSツアーズなど

キッズスポーツ	コナミホールディングス、ゼット、ゴールドエッグス、クラブ、ジム、スイミングスクールなど
キッズダンス・ダンススクール	TOKYO STEPS ARTS、NOAダンスアカデミー、イオンカルチャークラブなど
キッズアート、キッズカルチャー、キッズ音楽	YAMAHA、KAWAI、絵画、プーク人形劇場、キッズカルチャーOZなど
キッズイベント企画	脱出ゲーム、スタジオアリス、ホテル、キャンプ教室、体験教室、イベント会社など
テーマパーク・遊園地・キッズパーク、アミューズメント施設、キッズエンターテイメント	西武園ゆうえんち、よみうりランド、富士急ハイランド、オリエンタルランド、ユー・エス・ジェイ、GENDA GiGO、サンリオ、ACM、キッザニア（KCJ）、ハムリーズなど
芸能・タレント・子役・育成	アヴァンセ、オスカー、A-Team、ワタナベエンターテイメント、エイベックスなど
IT、ネット、ウェブ、通販	ＹｏｕＴｕｂｅ、Goo、GAFA、メルカリ、TikTok、個人によるコンテンツ、動画、配信サービスなど。
教育ビジネス	ポピンズ、ベネッセ・コーポレーション、塾（私塾・学習塾）、書道教室、予備校、英会話学校など

児童福祉事業	スマートキッズ、グローバルキッズ、株式会社保育園、児童福祉施設、NPO（こども食堂、青空図書館）など
公共サービス・公務員・司書・公営・民間博物館	行政機関、児童相談所、児童家庭支援センター、図書館、児童館、日本玩具博物館、東京玩具博物館など

この分類が実際のキッズビジネスの世界を言い当てたものになっているかは分からないが、キッズビジネス業界を調べていくと、このように整理することができた。無論、これはあくまでも暫定的な分類であり、今後も修正していかねばならない。

ただ、どのカテゴリーの業種であっても、そこで働いている人たちは皆、「子ども」のこと、「遊び」のこと、「おもちゃ」のこと、「育ち」のこと、「楽しさ」のことなどを真剣に考えているはずだ。「どうしたら子どもがよりよくなってくれるだろう」、「そのために必要な〈もの〉って何だろう」と考えながら、あらゆる商品やサービスを開発したり、提供したりしているのだろう。

キッズビジネス業界は、ビジネス業界であるが故に、自社の「売り上げ」や「収益」が問題とならざるを得ない。それはどの業界も変わらない。

だが、その「売り上げ」や「収益」は、子どもの幸せや喜びや満足に結びついていなければならない。子どもを不幸にする「もの」や、子どもを不快にさせる「もの」は、まず売れることはない。売れるものがそのまま「よいもの」になるとは限らないが、「よいもの」は、きっと子どもの心に、また大人の心にも響くだろうし、その「もの」との出会いで、子どもたちは新たな世界の「ひとかけら」を発見していくはずだ。

こうした業界で働く人たちやこれから働こうと思っている人のためになる「知識」とはいったいどのようなものか。また、私がこれまで学んできたことや研究してきたことを、いかにキッズビジネスに生かすことができるか。キッズビジネス論の課題が少しずつ見えてきた。

キッズビジネスの市場規模

では、実際のところ、このキッズビジネス業界の市場規模(3)はどのくらいのものなのだろうか。具体的にどれくらいの需要や供給があるのだろうか。また、どのくらいのお金がこのキッズビジネス業界に流れているのだろうか。

矢野経済研究所の研究報告によると、2019年時点でのキッズビジネス業界の市場規模は、以下の通りである。

2019年度の国内子供関連ビジネス市場規模（38分野計）は、前年度比1・6％増の15兆2048億円となった。分野別に内訳を見ると、家庭用ゲーム市場やテーマパーク・遊園地市場といった「娯楽用品・レジャー」分野が好調だったほか、「保育関連サービス」分野では幼児教育・保育の無償化の好影響もあり保育園市場やプリスクール市場が伸長した。一方、「教育サービス・教育用品」分野は全体的に微減基調にある(4)。

市場規模としては、国内の子どもに関連するビジネス市場は「15兆2048億円」(2019年)であり、かなり大きな市場になっていることが分かる。この数字は、38分野とかなり広く捉えられたもので、マクロ的な観点での数字と捉えたい。この報告を文字通りに受け止めれば、キッズビジネス業界は「好調だ」と言えよう。

ただ、コロナ禍に直面した2020年以降、他の業界と同様、その規模は縮小している。「2021年度の子供関連ビジネスの市場規模は、前年度比5・3%増の10兆628億円を見込む。例年、市場規模は少子化による影響から漸減する分野が散見されてきたが、2020年度はコロナ禍で多くの市場分野で規模が一気に縮小した」、と同研究所は指摘している。

10兆円〜15兆円の規模をもつキッズビジネス業界の中身についても、同研究所は明らか

1．娯楽用品・レジャー	玩具／家庭用ゲーム／児童書／子供向けビデオソフト／ 幼児・子供用自転車／子供・ファミリー向け劇場用映画／テーマパーク・遊園地／ゲームセンター・アミューズメント施設／インドアプレイグラウンド(9分野)
2．教育サービス・教育用品	学習塾・予備校／私立幼稚園／幼児英才教育／幼児・子供向け外国語教室／子供習い事教室／子供向けスポーツ教室・スポーツクラブ／幼児・学生向け通信教育／学習参考書・問題集／学童文具／学習机・椅子／ランドセル（11分野）
3．食品	粉ミルク／ベビーフード／玩具菓子（3分野）
4．衣料品	ベビー・子供服／学生服／ベビーシューズ・子供靴(3分野)
5．ベビー・子供関連用品・サービス	ベビー用紙おむつ／ベビーカー／ベビーベッド・子供用寝具／チャイルドシート／子供写真館／子供向け携帯電話／子供向け防犯用品・サービス（7分野）
6．保育関連サービス	保育園／ベビーシッター／学童保育／ プリスクール(4分野)

表1　矢野経済研究所によるキッズビジネスの分類

にしている。同研究所が公表している38分野（直近の調査では37分野）は表1の通りである。

これらすべての市場すべてを合わせて、10兆円～15兆円となっている。同研究所のこの分類では、2の「教育サービス・教育用品」に多数の項目が集まっている。この37の項目を見ると、同研究所における「キッズビジネス業界」の捉え方はかなりマクロな視点だと言えるだろう。

他方、経済産業省の「生産動態統計」（2022年6月公表）によると、2021年の「玩具販売金額」は前年比13.

2%増の744億円となっている、という(5)。744億円というと、メタバース(仮想空間を用いたサービス)市場と同じ規模の販売金額である。この数字は、玩具販売金額に限定したものになっており、矢野経済研究所の数値とはかなり違っている。キッズビジネスをどう捉えるかでその数字も異なってくるのだろう。生産動態統計の中では、「電子応用玩具」「電動玩具」「プラスチックモデル」「その他のプラスチック製玩具」「機械玩具」といった項目が並んでおり、これらの合計が744億円となっているようだ。

未曾有のコロナ禍においてもなお、キッズビジネス業界は好調である、という報告もある。一般社団法人日本玩具協会によれば、「2021年度の国内玩具市場規模は8946億円」(6)であり、「前年度比108・5%で、過去最高を記録」(7)、ということである。2001年以降で市場規模は過去最高となり、その勢いは増している。日本は深刻な「少子化の時代」を迎えているにもかかわらず、国内の玩具市場規模は拡大しており、2021年には「過去最高」を記録しているという。これはいったいどういうことなのだろうか。

日本玩具協会はこのことを指摘した上で、こう記している。

2021年度の日本国内における玩具市場規模は、上代価格(希望小売価格)ベースで８９４６億円で、前年度比１０８・５％でした。この数字は現在の形で調査を始めた２００１年以来過去最高を記録しました。コロナ禍という非常事態と、近年ますます顕著になっている少子化トレンドの中でも、玩具に対するニーズは極めて高く、今後さらに成長していく可能性があることを示していると考えます。また、玩具の中核を占める10分野でも、２０２１年度は５８１７億円で、前年度比１１１・７％と(8)、こちらも過去最高を記録しました(9)。

このように、キッズビジネス業界の中心とも言える玩具市場では、少子化時代を迎えてもなお、「玩具に対するニーズは極めて高い」とされており、今後「さらに成長していく可能性がある」と指摘されているのである。

なお、ここにある「中核を占める10分野（主要10分野）」とは、①ゲーム（テレビゲーム関連を除く）、②カードゲーム、トレーディングカードゲーム、③ジグソーパズル、④ハイテク系トレンドトイ、⑤男児キャラクター、⑥男児玩具、⑦女児玩具、⑧ぬいぐるみ、⑨知育・教育（ベビーカー・チャイルドシート・三輪車などの乗用関連を除く）、⑩季節商品、である。

どんな玩具が売れているのか

では、実際にどんな玩具が売れているのだろうか。時代によっても変わってくると思うが、どんなおもちゃが主に売れているのか、数字で知りたくなった。このことも、日本玩具協会が調査を行い、ホームページ上で公表している。

２０２１年度で特に伸び率の大きかった商品分野は、（１）カードゲーム・トレーディングカード１４５・６％、（２）ハイテク系トレンドトイ１４０・３％、（３）のりもの玩具１１２・２％、（４）ホビー１０６・６％、（５）ぬいぐるみ１０６・３％でした(10)。

このデータを、２０２０年と比べると、キッズビジネス業界が時代の流れと連動していることが分かる。２０２０年度では、「（１）ジグソーパズル　１５８・７％、（２）ハイテク系トレンドトイ　１２４・９％、（３）ゲーム　１１７・３％、（４）雑貨　１１０・４％、（５）カードゲーム・トレーディングカード　１０７・９％、（６）季節玩具１０７・３％、（７）ホビー　１０４・９％、（８）知育・教育玩具　１０２・１％」だった。２０２１年は、ジグソーパズルの売り上げが伸び悩み、その代わりにカードゲーム・トレーディングカードの伸び率が急増している。２０２１年に伸び率の高かったカードゲーム・トレーディングカードの市場規模は1782億円だ。

コロナ禍によって不要不急の外出の自粛が余儀なくされた2020年に、「ジグソーパズル」の伸び率が上がり、一人でも十分に遊べる「ハイテク系トレンドトイ」が急成長したことを考えると、キッズビジネスもまた時代の流れと共にあることが分かる。

ハイテク系トレンドトイは、たとえば「ドローン」やAIを駆使した「COZMO」（タカラトミー）やロボティックボール「Sphero」など、複雑な機能をもつ電子系玩具である。2020年度から小学校でのプログラミング学習が必修化され、その影響からますますこのハイテク系トレンドトイの勢いは加速していくことが予想される。

コロナ・パンデミックの混乱が少し落ち着いた2021年になると、複数人で遊ぶことが前提となる「カードゲーム」や「トレーディングカード」の売り上げの伸び率が上がったこともまた、キッズビジネス業界が時代の流れと共にあることを示しているように思われる。何で遊ぶかは、その時代背景と関係しているのだ。

いつでも堅調な知育玩具と教育玩具

だが、実際の総額で考えると、常にいつでもどこでも安定して大きな市場規模を保っているのが、「知育・教育」に関連する玩具である。前頁の日本玩具協会の項目の中にも

「知育・教育玩具」が含まれているが、この知育・教育系玩具は、キッズビジネス業界において最も堅調な玩具ジャンルである。

最も大きな市場規模（1700億円：2017年）を持つのは、「知育・教育」である。このカテゴリーには、ブロック、木製、プリスクール、幼児キャラクター、ベビー（ベビートイ、バストイ、ベビー用品）、乗用（ベビーカー、チャイルドシート、三輪車、など）、その他（楽器、電話、絵本、遊具、キッズビデオ、電動動物、など）が含まれる。このうち、幼児キャラクターが伸びている(11)。

知育・教育といっても、多種多様である。代表的な知育玩具は、かつてのフレーベルが「恩物（Gabe）」と名付けた「積み木」であろうか。あるいは、モンテッソーリ教育に使われる「玉入れ」や「円柱おとし」や「円柱さし」であろうか。木製のおもちゃも、代表的な知育玩具としてよく知られたものである。楽器や絵本やフィギュアなども知育玩具あるいは教具として、われわれの身のまわりにいくつもあるはずである。

こうした知育玩具や教育玩具（教具）は、教育学の理論や心理学の理論に基づくものも多いが、だからといって、そうした玩具を与えれば「賢い人間」になるかどうかについては、疑っておいた方がよいかもしれない。近年では、「非認知能力」や「非認知スキル」という言葉が流行っており、その能力やスキルを向上させるための知育玩具が次々に制作され、販売されているが、それを使うことで、必ずしもそうした能力やスキルが向上するとは限らない。

それでも、大人たちは子どもたちが「少しでも賢くなるように」と願って、知育玩具や教育玩具を子どもに買い与えようとする。この傾向は今後もずっと続いていきそうだ。

ぼんやりとだが、なんとなくキッズビジネス業界の全体像は見えてきた。すでに少子化の時代に入って久しいが、それでも堅調を維持しているのがこの業界の特徴と言えるだろう。

第2節　ディズニーランドは子どものテーマパークか?

テーマパークとは何か

キッズビジネスコースの学生たちが入学後に、「学びたい」と思うジャンルのひとつが、「テーマパーク」である。テーマパークへの関心はとても強く、このテーマパークの理解を深めていくのが、私にとっての次の課題となった。

実際のところ、テーマパークというのは、いったいどんな場所なのだろうか。テーマパークに似た言葉に、「レジャー施設（娯楽施設・レジャースポット）」という言葉があるが、これとどう違うのだろうか。また、先述した矢野経済研究所の分類では、「テーマパーク・遊園地」とテーマパークと遊園地が一つにまとめられていたが、テーマパークと遊園地は何がどう違うのか。考えていくと、分からなくなってくる。

まず、レジャー施設だ。レジャー施設は、趣味や娯楽、スポーツ、行楽など、あらゆる余暇活動を行う施設の総称である。「レジャー」の意味については、第2章第2節で詳しく論じることにするので、ここではひとまず「自由な時間に各々が楽しむための施設の総称」としておきたい。
このレジャー施設の中で、昔から子どもたちが大好きな場所は、たとえば「よみうりランド」、「後楽園遊園地」、「西武遊園地」、「富士急ハイランド」、「ひらかたパーク」といった「遊園地」であろう。遊園地は、常に子どもや若者たちに人気のレジャー施設の王様だ。私の古い記憶をたどると、デパートの屋上に設置されていた「屋上遊園地」もここに含まれる。

この遊園地と似ているものの、それとは一線を画しているのが、「テーマパーク」である。テーマパークというと、「東京ディズニーランド」、「東京ディズニーシー」、「ユニバーサルスタジオ・ジャパン」が有名だが、それ以外にもたくさんある。「白い恋人パーク」、「サンリオピューロランド」、「キッザニア東京」、「ナムコ・ナンジャタウン」、「東京ドイツ村」、「博物館明治村」、「レゴランド・ジャパン」、「ジブリパーク」、「ナガシマスパーランド」、「志摩スペイン村」、「ハウステンボス」、「Ｎｅｗレオマワールド」など、日本国内だけでも多数のテーマパークがある。

こうした全国各地のテーマパークには、従来型の雑多で複合的な遊園地型のレジャー施設型のテーマパークもあれば、明確なテーマやコンセプトをもったエンターテイメント性とストーリー性を兼ね備えたテーマパークもある。世界の「ディズニーランド」に詳しい有馬哲夫は「ディズニーランドと普通の遊園地の違いは、ディズニーランドはストーリー性があるのに対し、ほかの遊園地にはない」と指摘している（有馬、2011:9）。この考えに基づけば、「遊園地」と「テーマパーク」は別物として考えなければならないのかもしれない。

遊園地もテーマパークも、大成功をおさめるところがある一方で、来園者数の伸び悩みによって閉園・廃園に追い込まれた場所も多数ある。

とりわけ地方の活性化や再生をもくろんだ小規模の遊園地（特に屋上遊園地）やテーマパークの経営難は深刻で、次々にその姿を消している。その理由は様々であるが、ストーリー性に欠けた地方の遊園地やテーマパークはどこも苦戦を強いられているようだ。

他方で、成功したテーマパークは、一般客と異なる層の「熱狂者」の獲得に成功している。彼ら・彼女らは、ただそこに行くだけでなく、そのテーマやコンセプトに関するグッズや商材を収集する傾向も強い（高木・林、2022）。それゆえ、一度だけでなく、何度もそのテーマパークに通い、熱狂的にそのテーマパークを応援するコアなヘビーリピーターが多いのである。その際立った代表例が「東京ディズニーランド」であろう。

ディズニーランドという聖域

東京ディズニーランド・シーは、日本で人気ナンバーワンのテーマパークである。このディズニーランド・シーは、子どものためのテーマパークとは言えないかもしれないが、テーマパークとしては国内最高規模であり、キッズビジネス論を展開する上で、欠かすことができない場所になりそうだ。すでに論文や書籍も読み切れないほど存在しており、とても本書で描き切れるものではないので、キッズビジネス論を展開する上で必要なことだけ触れておく。

まずは、来客者（ゲスト）の数だ。オリエンタルランドが公式ホームページ上で公表している「年度別来園ゲスト数」によれば[12]、開園した１９８３年では９９３万３０００人（３２３日）で、その翌年の１９８４年は１００１万３０００人となっており、開園２年目で早くも１０００万人超えを達成している。その後、１５００万～１６００万人をキープし続ける。東京ディズニーシーが開園する２００１年には、（ランド・シー総計で）初の２０００万人越えを達成する。２０１３年には、３１２９万８０００人（３６５日）で、来園ゲスト数は３０００万人を超えた。２０２０年はコロナ・パンデミックの影響で７５６万人（２７４営業日）に激減し、２０２１年は１２０５万４０００人（３６５営業日）となっている。

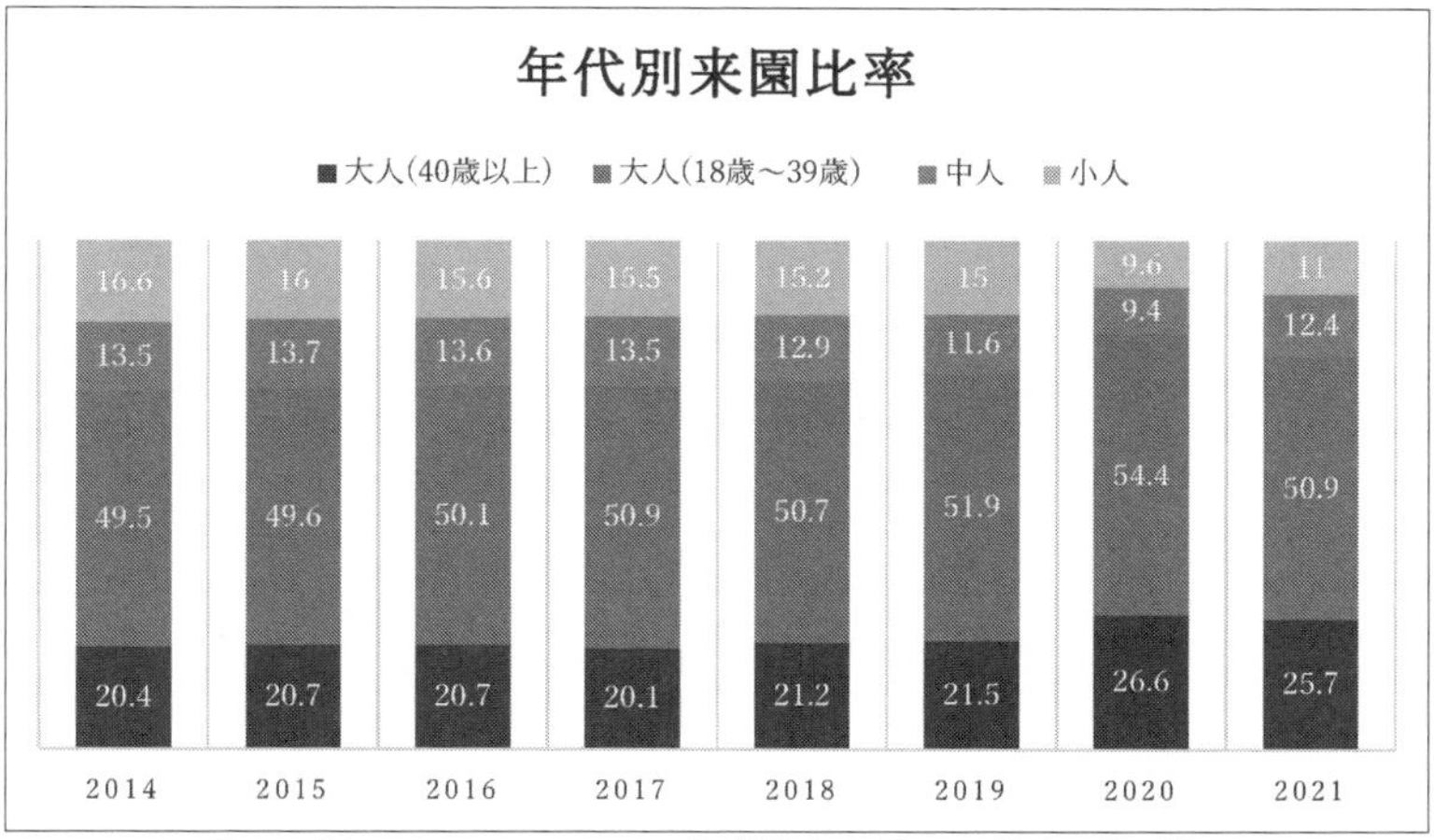

図１（オリエンタルランド公式発表を基に、筆者が作成）

この数値は、テーマパークとしては圧倒的である。ユニバーサルスタジオ・ジャパンの年間来場者数は２０１６年の時点で約１４６０万人であり、同じ時期の東京ディズニーランド・シーの約半分である[13]。

だが、その一方で、キッズビジネス的にとても気になる数値がある。それは、来園ゲスト数における子どもの割合である。オリエンタルランドの公式ホームページ上のデータは上の図の通りである。

このグラフを見ると、２０１４年以降、小人（４歳～１１歳）の割合が15～20％を推移しており、コロナ禍に入った２０２０年には9・6％と10％を切っているのだ。２０２１年は、小人の割合が少し増えて、11％となっている。２００６年のデータでは、小人の割合は19・9％であり、かつてよりも小人、つまり来園ゲストの比率における子どもの割合は減っているのである。

この比率を見ると、「果たしてディズニーランドは子ども向け・ファミリー向けのテーマパークと呼んでよいのだろうか」という問いが浮かんでくる。新井克弥もこの点を指摘している。「ディズニーランドは『家族』のための娯楽施設だから、当然、家族連れがメインターゲットのはず」なのだが、東京ディズニーランドは、「本来のコンセプトである『ファミリー・エンターテイメント』に基づかない大人と女性を中心とした客層、言い換えれば、ウォルトが志向した世界が想定していたものとは異なった客層が増えつつあるのだ」、と（新井、2016：29-30）。

そもそも、ディズニーランドの世界を創造したウォルト・ディズニー（Walt Disney）は、アニメーションを制作する起業家だった。第2章でも触れるが、のちの「手塚治虫」に多大な影響を与えるほどの存在で、澤村修治によれば、手塚は小学2年生の時にすでにディズニーの映画に魅了されていた。「手塚少年は小学校2年生の頃から、家庭にいながらにして映画を見る機会を得た……。上映作品にはチャップリンの短編などのほか、『ミッキーの汽車旅行』（1929）など「ミッキーマウス」の初期アニメもあった」（澤村、2020：87）。きっと手塚少年も、ディズニー作品を夢中になって見ていたのだろう。その後、

1965年に、40歳になった手塚は、実際にウォルトと会い、言葉を交わしていることもよく知られた話である。

ウォルトは、1901年生まれで、幼少期から「鉄道」が好きな少年だった（Snow, 2019=2021）。家の近くを走る「サンタ・フェ・パシフィック鉄道」に魅了されていた。また、絵を描くことが大好きで、動物や自然のスケッチに没頭していた。カンザスシティーで「ミズーリ・パシフィック鉄道」で新聞売りをしていたこともあった（Snow, 2019=2021 : 32）。12歳年上のチャールズ・チャップリンに憧れて、物真似コンテストにも出場するほどだったという。

その後、1928年に公開されたミッキーマウス主演のアニメ『蒸気船ウィリー（Steamboat Willie）』でデビューを果たす。1937年には長編アニメーション『白雪姫（Snow white）』や『お化け屋敷（The haunted house）』などを手がけ、次々に作品を生み出していく。ミッキーマウスシリーズの他、ドナルドダックシリーズ、グーフィーシリーズ、ブルートシリーズなども多数あり、彼が手がけた作品の数は膨大である。また、彼は作品制作費に対して無頓着で、「映画製作での無謀なまでの資金投入」を繰り返した、という（新井、2016 : 17）。きっと少年の心をずっと持ち続けた人だったのだろう。

たしかにウォルトのアニメ作品は、昔も今も、子どもたちを魅了してきた。だが、ディズニーランドは、その誕生当時から、「子どものためのテーマパーク」ではなかった。能登路雅子も、誰のためにディズニーランドが作られたのかについて、こう指摘している。

ディズニーランドとは、一体、誰のために何の目的でできたものなのか――。それはもともと、子供を相手に作られた遊園地ではなかった。ウォルト・ディズニーが対象として頭に描いていたのは、第一に、すべての人間のなかに潜む「子供性」ともいうべき部分であった。アメリカの大衆文化には、子供というものを年齢を超えた普遍的存在とみる伝統がある。……ディズニーが「哲学」と呼ぶべきものをもっているとしたら、その根底には、人はいくつになっても子供の無垢な心と好奇心を失わないという、きわめて素朴な人間観が流れていた。(能登路、1990 : 30)

能登路がこのように「子供を相手に作られた遊園地ではなかった」と書いているのには、理由がある。ウォルト自身、「大人も一緒に楽しめる遊園地がどこかにあってもよさそうなものだ」と言っていたのである。能登路は、ウォルトの次の言葉を紹介している。

ディズニーランドの計画は実のところ、僕のふたりの娘がまだ若いころにはじまった。

週末には一緒によく近くの遊園地に遊びに行ってね。娘たちが回転木馬に乗っているあいだ、僕はひとり退屈してベンチにこしかけてピーナッツをかじりながら、ふとこんなことを考えた。もうちょっとはましなところ、大人も一緒に楽しめる遊園地がどこかにあってもよさそうなものだと。(Ibid.:50)

大人も一緒に遊べる遊園地。これがもともとのディズニーランドのコンセプトだったようだ。

ディズニーランドの誕生は、1955年7月17日。場所は、アメリカのカリフォルニア州アナハイムである。翌7月18日の『ロサンゼルス・タイムズ』では、「お伽の国、幼い子供の胸のなかの、あの空想と未知の国が地上に現われた」と報じられたそうだ(Ibid.:18)。もともとのディズニーランドは、「交通博物館」のようなものがイメージされていたようである。ディズニーランドに詳しい有馬は次のように語っている。

ディズニーランドはなんのテーマパークでしょうか。ウォルトはどんな動機でこのテーマパークを作ったのでしょうか。結論を言えば、それは交通博物館のようなものだったといえます。というのも、ディズニーランドには、アメリカの交通を担ったさま

ざまな乗り物があるからです。(有馬、2011:25)

この有馬の指摘に基づけば、ディズニーランドも、基本的には従来の遊園地と同様に、様々な「乗り物」を楽しむ施設だ、ということになる。ウォルト自身、目指していたのが交通博物館というのだから、「乗り物ランド」と言えるだろう。『蒸気船ウィリー』でも、ミッキーが蒸気船を運転しているシーンが印象的だ。

しかし、そうなると、ウォルトが退屈していた遊園地と変わらない場所になってしまう。そこで必要だったのが、「ストーリー」だったのである。遊園地とディズニーランドの違いは、「乗り物」にあるのではなく、そこに「ストーリー性」、「物語性」があるかないかということになりそうだ。

ディズニー学徒である新井は、ディズニーランドとは何かについて次のように端的に言い当てている。

ディズニーランドとは、単なるキャラクター・ランドではない。私たちが消費しているのはミッキーのようなキャラクターによって構成されるディズニーの世界ではなく、実はウォルトが構想した、テーマパークという装置が作り出すハイパーリアリティー

なのだ。（新井、2016 : 95）

ディズニーランドは、ウォルト自身も構想していた「テーマパーク」であり、その装置が作り出す「ハイパーリアリティー」なのだ、という彼の指摘は重要である。新井は、「テーマパーク」を「一定環境を国や歴史、物語といった統一テーマに基づいて構築したレジャー施設」と定義づけている（Ibid. : 67）が、ディズニーランドには、まさにそうしたテーマパークが作り出すハイパーリアリティーが可能となる条件としての「ストーリー性」があった。それゆえ、ディズニーランドは、従来型の乗り物ランドに留まらない「ストーリー性」と「統一テーマ」、つまり固有な世界観をもった日本最大のレジャー施設、テーマパークに成長したのだろう。

かくして、ディズニーランドは、子どものみならず、あらゆる世代の人々を魅了するテーマパークになっていったのである。

第3節　テーマパークを超えたおもちゃ王国

おもちゃ王国の世界へ

あらゆる層――子どもの心をもつすべての人――をターゲットにした大都市型の巨大テーマパーク、ディズニーランドに対して、「子育て世代の親子」にターゲットをしぼって根強い人気を保ち続けている地方型のテーマパークが、岡山県玉野市にある「あそびの創造ランドおもちゃ王国」である。

おもちゃ王国は、もともと「王子ファンシーランド」という第三セクター系のテーマパークだった。この王子ファンシーランドは、瀬戸大橋開通（１９８８年）から1年後の１９８９年に開園した。開園1年目は年間来場者数35万人と大盛況だったが、その後、来場者数は伸び悩み、阪神・淡路大震災の影響もあり、１９９５年に閉園となった。

そのファンシーランド跡地に目を向けたのが、現在おもちゃ王国の親会社である「株式会社サンヨープレジャー」だった。

サンヨープレジャーはもともと岡山駅西口の商店街の「こどもや（ＫＯＤＯＭＯＹＡ）」

という小さなおもちゃ屋だった。その後、玩具や人形を扱う問屋となり、事業規模を拡大していった。そんな岡山市内の小さな会社が、王子ファンシーランドを引き継ぎ、リニューアルし、1996年に「おもちゃ王国」を開園し、そして、人気の高いテーマパークに成長させたのだ。成長させただけでなく、継続可能なヴィジョンを示し、そして全国にフランチャイズ展開しているのだ。

おもちゃ王国の強みとは

いったい、このおもちゃ王国とは何なのか。

おもちゃ王国に目を向けさせてくれたのは、「はじめに」でも引用した『おもちゃと遊びのリアル――「おもちゃ王国」の現象学』という一冊の本だった。この本は、おもちゃ王国の中で子どもたちはいかなる経験をし得るのかということについての考察を行っており、キッズビジネスを考える上で、多大な示唆を得ることができた。

とりわけ、この本の次の一文を読んだ時に、はっと目が覚める思いがした。

経済不況の影響を受け、二一世紀初頭の日本社会では、レジャー施設の低迷が続いている。にもかかわらず、「おもちゃ王国」は、コンスタントに入場者を集める。例えば岡山本部の「おもちゃ王国」では、一九九六年のオープン以来、年間平均四五万人の入場者を集めている。…［中略］…周辺人口も少なく、交通の便も悪い郊外にあるにもかかわらず、である。二〇〇二年のゴールデンウィークには六万六三〇〇人を集客し、岡山県内の観光地人出ランキングで第四位（レジャー施設では第二位）に入った。人気スポットである。（松田、2003:1）

おもちゃ王国の初年度は40万人で、王子ファンシーランド1年目の35万人をはるかに凌ぐ数字である。その数字をこの20年以上ずっと維持しているというのだから、驚くしかない。東京ディズニーランドやユニバーサルスタジオ・ジャパンと比べると、その数はたしかに少ない。しかし、地方型のテーマパークとしては驚異的な数値でもある。最新のデータによれば、年間平均35万人の入場者数を保っている。

地方型のテーマパークは、おもちゃ王国に限らず、大都市型の施設とは比較にならないくらいに、アクセシビリティに恵まれていない。実際、このおもちゃ王国へのアクセスはかなり困難である。公共交通機関はかなり制限されている。最寄り駅は宇野駅だが、そこから徒歩で行ける場所ではない。土日祝日や観光シーズン以外は直通のバスもなく、平日は専ら自家用車の客や観光バスでの客にしか期待できない。

それにもかかわらず、岡山県を越えて広く「おもちゃ王国」の名が知れ渡るようになり、フランチャイズとして全国展開できたのはなぜなのか。開園後わずか数年で閉園に追い込まれた「王子ファンシーランド」と何が違うのか。おもちゃ王国に加わった新たな戦略とはいかなるものだったのか。

おもちゃ王国は、既存の地方型のテーマパークに、玩具・人形系問屋のノウハウを取り込んだハイブリッド型のテーマパークである。問屋ゆえのネットワークを駆使した玩具メーカーを巻き込んだ「おもちゃパビリオン」が人気の秘訣でもある。

玩具メーカーと連携して作られたおもちゃパビリオンは、「トミカ・プラレールランド」、「リカちゃんハウス」、「シルバニアファミリー館」、「タミヤワールド」、「メルちゃんのおうち」、「ダイヤブロックワールド」、「こえだちゃんと木のおうち」、更には、2歳までの子どもを対象にした「ピノチオ館」や、対戦ゲームがずらりと揃う「アクションゲームワールド」や、ごっこ遊びやままごと遊びのおもちゃを集めた「ままごとハウス」や、親子で読み聞かせを楽しめる「絵本のおうち」など、他のテーマパークにはない「おもちゃ王国」の強みがあるのである。

従来のライドパーク型の施設から新たな地平へ

おもちゃ王国の特徴はいくつもあるが、ここでは四つの特徴を挙げたい。すなわち、「脱ライドパーク化」であり、「乳幼児向けのテーマパーク」であり、「学びをコンセプトにした施設」であり、「活動の能動性」である。

第一に、「脱ライドパーク化」である。おもちゃ王国の統括マネージャーの竹内大器によれば、従来型のレジャー施設は、乗り物を中心とする「ライドパーク」であった。つまり、前述した「乗り物ランド」だった。ジェットコースターやフリーフォール、メリーゴーランド、観覧車、コーヒーカップ（ティーカップ）など、自動で動く乗り物に乗って(ride)、落下や回転を楽しむアトラクションを中心にしたレジャー施設だった。

この「ライドパーク」という観点で見れば、東京ディズニーランド・シーも実は「ライド系」の多い施設だと分かる。「スペースマウンテン」にせよ、「ビッグサンダーマウンテン」にせよ、「カリブの海賊」にせよ、自動で動く乗り物や座席でもっぱら受け身の姿勢で、その動きを楽しむというアトラクションが実に多い。ウォルト自身、ディズニーランドを「交通博物館」にしようとしていたことも思い出したい。

このライドパーク的な発想から抜け出そうとしたのが、おもちゃ王国だった。もちろんおもちゃ王国にも、観覧車やウェイブスウィンガー、ティーカップ、メリーゴーランド、ジエットコースター、サイクルライダーなどのライド系の「アトラクション」はある。だが、それに加え、自動で動く乗り物系アトラクションとは異なる遊びの場が多数存在しているのである。それが前述した「おもちゃパビリオン」である。

第二に、「乳幼児向けのテーマパーク」である。従来のレジャー施設やテーマパークでは、「乳幼児」ではなく、その上の子どもや青年、大人たちに向けた刺激的なアトラクションが中心であった。赤ちゃんや幼児たちには刺激が強すぎるものが多く、顧客ターゲット層から除外されていた。そこに目を付けたのが、おもちゃ王国だった。

竹内によれば、「これまでのテーマパークは、保育園や幼稚園の子どもたちをお客様としては考えておらず、乳幼児に特化したテーマパークはなかった」という。「子育て世代」や「子ども家族層」は、テーマパークの主たる顧客ターゲットとされておらず、そこに目を付けたのが、おもちゃ王国だったのだ。おもちゃ王国では、ベビーカーを押す若い夫婦の姿が多数確認できる。乳幼児を連れた団体客も多くいる。保育園や幼稚園の子どもを連れた保育者の姿もある。

第三に、「学びをコンセプトにした施設」である。おもちゃ王国の入口ゲートに大きな看板が立てかけられているが、そこに書いてあるのが、「あそびは最高のまなび」というフレーズである。この「あそびは最高のまなび」というコンセプトこそ、おもちゃ王国の根幹にかかわるものである。「あそびはまなび」というシンプルかつ普遍的な発想に基づいて、おもちゃ王国のおもちゃパビリオンとアトラクションが構成されている。そのため、おもちゃ王国では、東京学芸大学や岡山大学や鳴門教育大学といった大学と連携しており、またスタッフは皆、「こどもパートナー認証」の講習を受けるようになっている。「子どものために」「子どもの育ちや発達のために」という視点がおもちゃ王国スタッフ全員に共有されているという点もまた、このテーマパークの大きな特徴といえるだろう。

第四に、「活動の能動性」である。従来のレジャー施設やテーマパークでは、基本的に客は「受け身の姿勢」を持さなければならない。現場スタッフの指示に従い、受け身でライド系のアトラクションを楽しむことが大前提となる。東京ディズニーランドもそこは同じで、能動的に自発的に動かなければ楽しめないアトラクションといえば、「ビーバーブラザーズのカヌー探検」くらいだろうか。だが、これとて、一人の力で動かすものではなく、キャスト1名と多数の乗組員（ゲスト）が一致団結して進んでいくので、能動性や自発性が強く求められるものではない。

東京ディズニーシーにも、体験型の「フォートレス・エクスプロレーション」や「アリエルのプレイグラウンド」はあるが、それ以外のアトラクションのほとんどがライド系となっているし、体験型と言っても、その体験の内容は誰であっても変わらない。これに対して、おもちゃ王国には、自発的に能動的に取り組まなければ終えることのできないおもちゃを集めたパビリオンが多数存在する。結果として、どこまで遊べたかは一人ひとり違ってくるし、途中で遊びを断念するということも起こり得るのである。

第4節　キッズビジネス業界で輝く人になるために

キッズビジネス業界で活躍できる人材

子どもたちにかかわる仕事は、幼稚園の先生や保育士だけではない。本章で見てきたように、数えきれないほどの企業が、そしてその従業員たちが存在しており、日々、子どもたちの生活世界を直接的・間接的に支えている。テーマパークもまた、子どもたちの生活世界を彩る場所として、愛され続けている。

子どもたちにとっては、本章第2節で見た遊園地やテーマパークも、次章で述べる数々のおもちゃも、食べ物や飲み物と同じくらいに大切なものである。また、第3章で論じる遊びもまた、食べ物や飲み物と同じくらい、子どもにとっては重要なものであろう。

そんなキッズビジネス業界で活躍できる人材になるためには、いかなることを学び、いかなることを知り、いかなる経験をすればよいのだろうか。それはそのまま、われわれはどれだけおもちゃのことを、遊びのことを深く理解しているか、という問いにつながっている。

教諭や保育士という枠ではなく、キッズビジネスという枠でこのことを考えると、「いかにして、子どもたちに豊かなおもちゃや遊びの機会を提供することができるか」、という問いになるだろうか。豊かなおもちゃや遊びをきちんと子どもに届けることができれば、それはビジネスとして成功するし、それができなければ失敗に終わるだろう。実はそれだけの話なのかもしれない。

キッズビジネス業界を創ってきた人たちの言葉

では、実際に、どのような人たちがキッズビジネス業界で活躍しているのか。キッズビジネス業界で求められるマンパワーの条件とは何か。このことを知ることも、キッズビジネスコースを創っていく上で欠かせないように思われる。

その際、第2節で見たウォルトのように、どれだけ「子供性」を持ち続け、どれだけ真剣に遊べるかが重要になってきそうだ。ウォルト自身は、「キッズビジネス業界の人間」と言い切れない部分があるが、それでも、彼自身の内に子供性があったからこそ、あれほどの「夢の国」を実現させることができたことは間違いない。

ここでは、主に日本のキッズビジネス業界を代表する人物の言葉に着目して、キッズビジネスを学ぶ人に必要なことを考えていきたい。

まずは、「タカラトミー」の創業者である富山栄市郎の言葉である。

立派なおもちゃを子どもに与えることが、立派な子どもをつくる大切な条件です。その使命に励んでください(14)。

富山は、立派な子どもをつくる大切な条件として、「立派なおもちゃを子どもに与えること」を考えていた。教育学的には、この立派なおもちゃを「教具」と捉えたくなる欲望に駆られるが、おもちゃにしても、教具にしても、あるいは恩物にしても、キッズビジネス業界で重んじられるのは、「立派なもの」、あるいは「立派なこと（場や経験）」という視点である。これは、子どもとのかかわりや子どもの心理・発達状態の把握等を重視する昨今の教育・保育業界とは異なる視点ではないだろうか。キッズビジネスを学ぶ人たちがもつべき視点として、この富山の言葉は傾聴に値するように思われる。

玩具メーカー大手「バンダイ」の創業者の山科直治は、富山よりもより現実的な視点でおもちゃのことを捉えていた。

バンダイは玩具業界のトップかもしれないが、私は業界トップだとは思っていない。

業界トップだと思ったときから没落がはじまると考えているからだ。玩具のように変化が非常に早く、危険な商売ではちょっとでも油断すると落ちるからである(15)。

この言葉は、富岡とは異なる視点で、キッズビジネスの特徴を言い当てたものになっている。山科は、キッズビジネス業界の特徴として、「玩具のように変化が非常に早く、危険な商売」だと言っている。本章でも書いたが、キッズビジネス業界は、時代的な制約や影響を強く受ける業界である。そういう意味で、不安定で危険な業界というべき側面はたしかにある。ゆえに、山科は一貫して「創業元年、創造元年」という言葉を用いていた。どれだけ老舗の玩具メーカーになろうと、常に「元年」、つまり「初心」であることを重んじていた。

もともとスペイン語で「聖なる河（San Rio）」を意味する「サンリオ」の創業者の辻信太朗の理念は、とてもシンプルなものである。

世界中がみんななかよく(16)。

これだけである。これだけというと語弊がある。この言葉には、日本人の根源的な教育思想的なものが含まれている。それは「みんな」という言葉だ。日本の教育界では、必ずと言っていいほど、「みんな」という言葉が多用されている。保育園でも、幼稚園でも、小学校でも、どこであっても「みんな」という言葉が使われない日はない、と言ってよいほどに、「みんな」を重んじるのが、日本という国である。「調和」「協調性」「思いやり」「おもてなし」「空気」「間合い」など、周囲の人々とうまくやっていく日本人の能力は、世界的に見てもとても高い。サンリオは「ソーシャルコミュニケーションビジネス」を展開しているが、そこにおいても「みんななかよく」という理念が根づいている。

辻は、自身の戦争体験からこの言葉を特別な意味で使っていた。1927年山梨県甲府市で生まれた辻は、10代の頃に「太平洋戦争」をリアルに経験した。そのため、群馬大学卒業後、11年間の山梨県庁での役人生活を経て、「ビジネスで戦争のない世の中を作りたい」という思いから、後にサンリオとなる「山梨シルクセンター」を立ち上げた。資本金100万円、社員3名での船出だった。辻にとって、「みんななかよく」というのは、二度と戦争があってはならないという強い思いから出てきた言葉で、それがのちのサンリオの根本思想となっていくのである。

また、サンリオは、「Small gift, Big Smile」、「幸せとは、愛すること を知ること」といったコンセプトを掲げており、おもちゃや遊びを通じて、笑顔を届け、そしてそれを通じて愛することを知ることを理念に掲げている。「ものを通して、愛することを知ること」というテーマは、「キッズビジネス哲学」というものがあるとすれば、その根本的なテーマとなるだろう。どんな子どもでも、一番輝く笑顔を見せるのは、素敵なプレゼントをもらった時だ。それは、大人であっても同じかもしれない。

子供服メーカー大手の「ＭｉＫｉＨＯＵＳＥ（ミキハウス）」の創業者木村皓一は、「子ども時代にこそ、たくさんの世界と出会い、本物の感動を経験してほしい」と願い、質の高いウェアを探求し続けてきた。そんな木村が残している素敵な言葉がある。

子どもたちと家族のシーンが、いつまでも心に残る幸せなものであるように。
子どもたちの笑顔と夢が、大きく大きく花ひらくように。
未来に向けて、子どもたち一人ひとりが個性豊かに輝けるように。

木村が特に重んじたのが、「子どもたちの笑顔と夢が、大きく大きく花ひらくように」という言葉である。小さな種が未来、大きく花ひらくために必要なものを創ろうと、５０年間以上の長い年月をかけて、子供服業界の礎を築いてきた。

こうしたキッズビジネス業界の創業者や先人たちの「言葉」や「想い」を集めることも

また、キッズビジネス論を展開する上で欠かせない取り組みかもしれない。

子どものこと、子どもの育ちのことを考えているのは、教育業界や保育業界だけではない。キッズビジネス業界においても、子どものこと、子どもの育ちのこと、また、子どもの幸せのことが考えられている。これまで「教育学」や「保育学」の枠の中でしか子どものことを考えていなかった私には、どの言葉も新鮮に感じられた。そして、今の教育学や保育学に欠けているのは、こうした「もの」へのまなざしのように思えてきた。

子供性とは何か

さて、この第1章を終える前に、ウォルトのいう「子供性」について考えておきたい。英語で言えば、「Childlikeness（チャイルドライクネス）」だ。意訳すれば、「子どもであるような状態」、「子どもらしさ」となろうか。英語には、このChildlikenessの他に、「Childishness（チャイルディッシュネス）」という言葉がある。このChildishnessという言葉は、侮蔑的な意味合いを有しており、「幼稚っぽさ」「幼さ」「ガキっぽさ」というニュアンスのある言葉である。子供性を考える上で、この二つの言葉は参考になる(17)。

日本語でも、よい意味での「子どもらしさ」と悪い意味での「子どもっぽさ」はある。「幼稚っぽい」という言葉にはやはりネガティブな印象がある。

これまでの本章の考察を踏まえ、「子供性」、「子どもらしさ」を考えると、私は、Amazon の創業者のジェフ・ベゾス（Jeff Bezos）が従業員に宛てた次のメッセージを思い出す。

どのようにして成功を実現させたのか。創意（Invention）だ。創意こそ、われわれの成功の根っこだ。われわれは、クレイジーなこと（crazy things）を共に実行してきて、その後、それをノーマルなものにしたのだ。…［中略］…創意し続けよ。そして、そのアイデアが最初クレイジーだと思われたとしても、がっかりしてはいけない。さまよい続けよ（Remember to wander）。好奇心をあなたのコンパスにせよ(18)。

ベゾスのこの言葉にも、子供性、すなわち子どもらしさ（Childlikeness）が溢れているように思う。子どもの子どもらしさは、やはりクレイジーなことをさらっとやってのけることだと思う。周囲の人間に「クレイジーだ」と思われても、めげず、しょげず、泣くことなく、あれやこれやとやってのけることができるのが、子どもやその子どもらしさをもち続けている大人たちの最大の強みではないだろうか。そういう人は、どこへでも行くし、どこまでもさまようし、誰よりも好奇心に満ち溢れている。もし何の好奇心も関心もない子どもがいたなら、それは、誰かがその子どもの好奇心を奪い取っているのだろう——それが実の親だとしたら、なんと皮肉なことであろうか。

続く第2章では、そんな子どもたちのために創られてきた「おもちゃ」のことを、あらゆる角度から考えていきたい。キッズビジネスの中心にあるおもちゃとはいったい何なのだろうか。おもちゃの謎に迫っていきたい。

引用文献

新井克弥、『ディズニーランドの社会学』、青弓社、２０１６年
有馬哲夫、『ディズニーランドの秘密』、新潮社、２０１１年
能登路雅子、『ディズニーランドという聖地』、岩波書店、１９９０年
松田恵示、『おもちゃと遊びのリアル——「おもちゃ王国」の現象学』、世界思想社、２００３年
澤村修治、『日本マンガ全史:「鳥獣戯画」から「鬼滅の刃」まで』、平凡社、２０２０年
Snow, R.: *Desney's Land*. Scribner. 2019.＝『ディズニーランド 世界最強のエンターテインメントが生まれるまで』、井上舞訳、ハーパーコリンズ・ジャパン、２０２１年
高木・林、「テーマパークで遊ぶことの文脈から考察する「熱狂」と「幸福」の密接な関係性（特集 レジャー施設集客ランキング２０２２)」、『レジャー産業資料 55（10)』、２０２２年

注

（1）キッズビジネスコースでは、小学校・幼稚園教諭の免許と保育士資格は卒業時に取得できないが、ビジネスライフ学科で取得可能な諸資格やこども学科で取得可能なリトミック指導者資格、レクリエーション・インストラクター資格、図書館司書資格等は取得できる。また保育士試験を受けることも可能である。

（2）これは、アメリカの教育学者ジョン・デューイの有名な言葉である。

（3）市場規模とは、経済学用語で「特定の市場における、年間の商取引の総額（売上）」を意味する。

（4）引用元：https://www.yano.co.jp/press-release/show/press_id/2490　情報取得２０２１年４月10日

（5）https://gyokai-search.com/3-gangu.html を参照。情報取得２０２２年11月１日

（6）２０２０年度の国内玩具市場規模は「８２６８億円であった」と記されていた。

（7）その規模は、「前年度比 101.5%」で、「コロナ禍と少子化の中でも市場は好調」と記されていた。国内玩具市場規模はどんどん大きくなっていることが分かる。

（8）２０２０年度は５２２２億円で、前年度比 100.1%だった。コロナ禍の影響もあると思われるが、キッズビジネス業界は全体として堅調を保持しているようだ。

（9）引用元：https://www.toys.or.jp/toukei_siryou_data.html　情報取得２０２２年11月１日

（10）Ibid.

（11）引用元：https://career-scope.jp/contents/growth-market/toys_electronic_toys/　情報取得２０２２年11月１日

（12）http://www.olc.co.jp/ja/tdr/guest.html を参照。 情報取得２０２２年11月１日

（13）https://toyokeizai.net/articles/-/477045 を参照。 情報取得２０２２年11月１日

（14）引用元：https://www.takaratomy.co.jp/company/csr/history4.html#chapter04　情報取得２０２２年11月１日

（15）引用元：https://keiei.proweb.jp/column/remark/1/658/810/　情報取得２０２２年11月１日

（16）引用元：https://logmi.jp/business/articles/326876　情報取得２０２２年11月１日

（17）ドイツ語では、三つの単語がある。形容詞的に表現すれば、「kindish（childish）」「kindlich（childlike）」「kindhaft（childlike）」である。

（18）引用元：https://www.aboutamazon.com/news/company-news/email-from-jeff-bezos-to-employees　情報取得２０２２年11月１日

第2章

おもちゃと遊ぶ子どもたち

第1節　おもちゃのある生活

大人にとって無意味であればあるほど
そのおもちゃはほんものである
ヴァルター・ベンヤミン

きょうちゃんとニャーニャー君

現在、私には小学5年生になる息子がいる。きょうちゃんだ。

きょうちゃんは、幼稚園の年長の時にたまたまドイツで出会い、そこで購入したパペット型の子ネコのぬいぐるみを四六時中そばに置いて大事にしている。

このぬいぐるみの子ネコの名前は「ニャーニャー君」。

ニャーニャー君は、高級なぬいぐるみではなく、ドイツの露店でたまたま見つけた安価で量産型のぬいぐるみだった。それ以前から、私の趣味もあり、それなりに高級なぬいぐるみを購入しては、きょうちゃんにプレゼントしていた。きょうちゃんは、それらのぬい

2017年12月に出会ったきょうちゃんとニャーニャー君

ぐるみもかわいがっていたが、どういうわけか、ニャーニャー君だけが別格中の別格だった。

それからというもの、朝起きる時も、寝る時も、ニャーニャー君と一緒に過ごす日々が始まった。とはいえ、ごっこ遊びをするわけでもなく、いつでも傍にいることが大事だった。夜更けまで起きていて、次の日の朝、学校に行くために早起きしなければならない時も、「ニャーニャー君が起きてって言ってるよ」と声をかけると、「う〜ん、分かったよ、ニャーニャー君」と言って、むくっと起き上がる。それ以外の親の声かけでは、まず自ら起きることはない。

そんなニャーニャー君は、旅行に出かける時も常に同伴している。北海道に行く時も、沖縄に行く時も、おがさわら丸に乗って小笠原諸島に行く時も、どこに行く時も、ニャーニャー君はきょうちゃんと一緒に旅をした。日中はそんなに登場しないが、夜寝る時と朝起きる時は、いつもきょうちゃんの隣にニャーニャー君がいる。そんな生活をもう5年ほど続けている。

一人っ子であるきょうちゃんにとって、ニャーニャー君は「弟」のような存在なのかもしれない。しかし、二人（？）の関係を見ていると、「親子」のようにも見えてくる。きょうちゃんは献身的にニャーニャー君の面倒（？）をみている。少なくとも、「友だち」よりもはるかに近い関係である。父親である私が、「ニャーニャー君なんて、ただの人形だよ」と意地悪く言おうものなら、「なんだと！　違うよ！　ニャーニャー君は、……ニャーニャー君だよ！」と敵意剝き出しで言い返してくる。

きょうちゃんにとってのニャーニャー君はいったい何なのだろう。それがずっと気がかりなのである。

おもちゃというもの

幼い頃、あなたはどんなおもちゃと遊んでいただろうか。どんなおもちゃを大切にしていただろうか。そのおもちゃは、まだあなたのそばにあるだろうか。

子どもにとって、おもちゃは何よりも大切な「もの（object）」である。いや、正確に言えば、きょうちゃんのニャーニャー君のように、大切だと思うものは、その子にとっては何よりも重要なのである。それは、高級な外国製のぬいぐるみである場合もあれば、逆に、他の人からみたら「なんで、こんなものを大事にするのだろう」と思うような（大人から見れば経済的価値のなさそうな）石ころや廃材や何かの欠片の場合もある。その価値を認めるかどうかは、一人ひとりの子ども自身だ。

いずれの場合にしても、子どもにとって、おもちゃは常に自分の手元にあるもので、意のままに使うことができ、最も身近な存在と言えるだろう。

おもちゃの語源——もちあそび・もちゃそび・もちゃ——

おもちゃの語源を考えたことがあるだろうか。「おもちゃ」はもともと、平安時代における「もちあそび（持遊）」「もて（ち）あそび（玩び・弄び・翫）」「あそびもの」（源氏物語）といった言葉から派生した言葉だと言われている。江戸時代では、「野山や水辺で遊ぶこと」を、「遊山翫水（ゆさんがんすい）」と記していた（畠山、1678=1974）。『精選版日本国語大辞典』によれば、このもちあそび・もてあそびという言葉が変化して、「もちゃそび」「もちゃすび」となり、それが下略されて、「もちゃ」と言われるようになったそうだ。今でも、たとえば福井県では「もちゃすびする（おもちゃにする）」という方言が使われている。

この「もちゃ」に、接頭語（美化語）の「お」が付けられて、「お」「もちゃ」＝おもちゃとなったというのが、オーソドックスな考え方になっている。「お菓子」「お餅」「お食事」「お弁当」「お茶」「お酒」「お味」など、何かの名詞に「お」を付けることで、上品で丁寧なニュアンスの言葉になる。おもちゃも、持ち遊ぶもの＝もちゃに、美化語の「お」が付いた言葉と考えてよいだろう。

このおもちゃの起源の話は、おそらく柳田国男の『こども風土記』の次の一節からきていることと思われる。

オモチャという語のもとは、東京では知らぬ者が多くなったが、今も関西でいうモチヤソビの語にオをつけたものにちがいない。その弄び物を土地によっては、テムズリともワルサモノとも言って、これだけは実は母や姉の喜ばぬ玩具であった。もっとも普通に使われるのは物さしとか篦の類、時としては鋏や針などまで持ち出す児があって、あぶないばかりか、無くしたり損じたりするので、どこの家でもそれを警戒した。

（柳田国男、1976:32）

この『こども風土記』は、太平洋戦争が始まる1941（昭和16）年に書かれた書物であるが、それ以前の日本で遊ばれていた遊びをいくつも記録に残している。この彼の「オモチャ」の起源論が、今日の日本のおもちゃ論のベースになっている。

以上のことから、おもちゃとは、「もちゃそび」から派生し、意味的には「丁寧に大切に手に持って遊ぶもの」と言える。その内容は時代や地域によって異なってくるが、その本質は変わらない。

おもちゃと玩具

おもちゃは、「玩具」とも表記される。「玩具」は、見て分かるように漢字であり、中国語である。今も中国語では、おもちゃのことを「玩具（wánjù）」と言っている。玩具の「玩」は、「もてあそぶ（玩ぶ）」「愛《め》でる」「楽しむ」「味わう」といった意味で、「具（jù）」は、「道具」「器具」という意味であり、まさに「もてあそぶもの」「もちあそぶ道具」「愛でる物」ということになる。「我玩玩具」と書くと、「私はおもちゃで遊ぶ」となる。

現在では、「玩具」と書いて「おもちゃ」とルビを付けることも多く、日常語としては、玩具＝おもちゃと考えてよいだろう。

『장난감을 사 줘！』

韓国語では、おもちゃは、「장난감」（チャンナンカム）となる。「장（chang　張）」、

「난」（nan　難）、「감」（kam　具［材料、素材、生地］）。「장난」は、「遊び」、「いたずら」という意味なので、まさに「遊び道具」という意味になっている。日本語や中国語と同様に、「遊ぶもの」「遊ぶ道具」「遊ぶ素材」といった言葉だと言えよう。

Toy

おもちゃは、英語では「toy」（古語では「toye」）である。toyは、日本でも「トイボックス」「トイザらス」「トイカメラ」「トイストーリー」など、そのまま使われているが、意外とその言葉の意味を知っている人は少ない。

toyは、そもそも「道具」という意味をもっている。toyは、古オランダ語の「Tuyg（tools）」や古ドイツ語の「Teuga」に由来しており、今のオランダ語「Tuig」、ドイツ語の「Zeug」とほぼ同義である。ドイツ語では、「Spielzeug（遊び道具）」と表記されており、Spiel（play）が消えて、-zeugだけが残ったのが、toyとなる。今も、「play with a toy（おもちゃで遊ぶ）」、「toy to play（遊ぶおもちゃ）」と書き、playとtoyはセットである。

子どもの使う道具はみな、toyであり、遊ぶための道具がおもちゃだ、ということになる。道具であるので、子どもたちはそのおもちゃを四六時中手に持って使い続ける。その結果、そのおもちゃの扱いが上手になっていく。数か月後には、その子は、まるで職人のように、おもちゃを自由自在に扱うようになっているはずだ。ただし、ここで注意したいのは、何か有益な行為、つまり生命維持に必要な行為のための道具ではなく、遊びのための道具である、ということだ。おもちゃは、実際に釘を打ちつける「金づち」やノートに何かを書き留める「ボールペン」や食材を切る「包丁」とは違い、遊ぶためだけに必要な道具なのである。

いつも持ち運びたいもの

以上のことから、子どもが遊ぶために「持ちたい！」「手にしたい！」「自分のものにしたい！」と思うものがおもちゃである、と言える。また、いつも手に持っているものがおもちゃである。小さな子どもが常に持ち運んでいるぬいぐるみや、常に身につけているキーホルダーは、まさに「持ちあそぶもの」であり、おもちゃ本来の使い道ということになる。

したがって、おもちゃは必然的に「軽いもの」「小さいもの」となる。子どもが気軽に持ち運べるものがおもちゃだからだ。私の弟は、幼少期に常に「黄色いタオル」を持ち遊んでいた。黄色いタオルがないと、よく泣いた。泣いている時に、黄色いタオルを手渡すと、泣き止んで、落ち着いて安らいだ。これは、いわゆる「ライナスの毛布」のようなものだったのだろう。

持っておきたいおもちゃ

おもちゃには、いったいどんなものがあるだろうか。自然物（石や貝や枝や木の実）、ブリキ、鋳物、プラスティック製品、エレクトリックな機械製品まで、ありとあらゆるものが「おもちゃ」になっている。

おもちゃは、基本的には「遊びの道具」なので、そのおもちゃを道具として使って遊ぶことを目的とする。ミニカーやプラレールは、それを走らせて遊ぶものであり、ぬいぐるみや人形は、それを動かしたり、操ったりして遊ぶものである。ある時は、運転手になり、ある時は駅員になり、ある時はママになり、ある時はお姉ちゃんになったりする。社会的な役割を真似して、それになりきるために、おもちゃを使って遊ぶのである。

おもちゃは、何かのために利用するだけでなく、持つことそのもの」をめざす場合もある。持つことそれ自体を楽しむ人のことを、「コレクター」、「収集家」と呼ぶ。小さな子どもがひたすら「シール」や「カード」、「人形」や「キーホルダー」を集めるのもまた、本来のおもちゃ遊びの主たる機能と呼べるだろう。単行本やコミックなどを集めて眺める子どもも多い。石や花、昆虫、切手などを集めて楽しむ子どもや大人も多い。大人になると、何かを収集することを生きがいにしている人も多く、「収集するもの」もまた、おもちゃ本来の意味と言えるだろう。

そういう視点で、次の児童養護施設の事例を読むと、どうだろうか。

4歳児Cと5歳児D、人のものを取る

数日前に職員室から職員の目を盗んで「シール」を取ったCとD。

私がリビングで掃除をしているとき、Cが奥の寝室のベッドの上で遊んでいた。妙に静かであると思い声をかけると、私の顔を見るや否や、サッと何かを枕の下へ隠す。よく見るとそれは、職員室に置いてあった、Cや他児が映った「写真の束」であった。なぜそれを持っているのかと聞くとCは目をそらしながら、真顔で「A先生からもらった」と小さな声で呟く。他職員に確認し、Cの話をもう一度聞くと、時系列のずれなどから、職員AがCに写真を渡し、その後回収したのち、Cがこっそりとまたその写真を取ったことが発覚した。自分のものではないものをこっそり取ることはしないよう話をして、約束をした。

しかしそのまた後日、CとDを含めた計4人で、職員室に入り込み、「もの」を取ったことが発覚する。職員から厳しく指導を受け、4人は反省期間中であるということになり、個々人の「おもちゃ」を引き上げられた。

そしてまた数日後、私がリビングで作業をしていると、寝室に入るCとDの姿が。まさかと思い見てみると、他児の引き出しから「カード」を取るCの姿があった。Cに声をかけると、二人は硬直し、目をそらす。また、もうしないよう厳しく話をする。CとDは真剣な顔をして話を聞いていた。

しかし、そのまた後日。Cが職員の目を盗んでキッチンに入り、かりんとうを食べ、Dは共用の「オセロ」を隠し持っていたことが発覚する。

何故、CとDは、人のものを繰り返し取るのだろうか。

（児童養護施設保育士Aさんの記録より）


おもちゃの「特性」を意識しないと、このCとDは「問題のある子ども」として浮かび上がってくる。だが、おもちゃがそもそも「収集される」という特性を持っているということ、おもちゃは持っておきたくなるものだということを念頭に置くと、この事例のCとDは、ただただ「シール」や「おもちゃ」や「オセロ」を手元に置いておきたかっただけなのではないか、という見方もできるように思う。

おもちゃは買う「商品」か？

資本主義の社会を生きるわれわれは、おもちゃというと、「買うもの」というイメージが強くあるのではないだろうか。つまり、今の時代では、おもちゃは「商品」になってしまっていないだろうか。おもちゃが「もの」である以上、資本主義の世界では、商品化してしまうのは宿命なのかもしれない。

しかし、右で見たように、おもちゃは本来「持って遊ぶもの」であり、商品に限られるものではない。砂や石、木の枝や葉っぱ、松ぼっくりや木の実、どんぐりなども、「おもちゃ」になる。考えようによっては、「あり」や「バッタ」もまた、子どものおもちゃになるかもしれない。お金のかからない「おもちゃ」は、実はいくらでもある。原始的なおもちゃと言ってしまえば、それまでだが、そういう原始的なおもちゃの方がもしかしたら、子どもにとっては、子どもの成長や発達において大きな役割を持つかもしれない。買うだけ買って、数か月後には全く子どもに見向きもされなくなったおもちゃの「残骸」を見るたびに、心苦しくなる親も少なくないだろう。

おもちゃは、もちろん最初はおもちゃ製造業者が考えだしたものではない。むしろ木彫師や錫職人などの仕事場が、誕生の地なのだ。おもちゃの制作が独立した生業となったのは、十九世紀にはいってからのことである。…［中略］…以前のおもちゃは、同業組合からの制限を受けていた多くの手工業が生みおとした副産物だったのである。…［中略］…というわけだから、おもちゃの販売——少なくとも小売り——も最初は、特定の商人の仕事ではなかった。(Benjamin, 1969 = 1981 :50-51)

その一方で、おもちゃは、テクノロジーとつながることで、子どもたちにある種の自然科学の技術への入口としての機能も持ち合わせている。たとえば「天体望遠鏡」をおもちゃとして与えられた子どもは、「宇宙とは何か」、「天体とは何か」という科学的な問いを抱く可能性が高いし、「インタラクティブ・トイ」を手に入れた子どもは、「ロボットとは何か」、「人工知能とは何か」といった問いを抱く可能性が高い。

では、続いて、おもちゃを使って遊んでいる時のその「遊び」に目を向けてみよう。

第2節　遊びとは何か

遊びをせんとや生まれけむ　戯れせんとや生まれけん
遊ぶ子供の声聞けば　我が身さへこそ動がるれ

『梁塵秘抄』

おもちゃと遊んでいる子どもは何をしているのか

第1節で、おもちゃとは「丁寧に大切に手に持って遊ぶためのもの」と規定した。子どもたちは、そんなおもちゃを手に取って、日々、遊んでいる。ミニカーやミニ四駆を何時間もいじっている子どももいれば、人形やぬいぐるみにあれやこれやと四六時中話しかける子どももいる。その時間は、きっと子どもにとっては、とても楽しい時間なのだろう。

そんな子どもたちを見ていると、ふと疑問に思う。「この子たちは、いったい何をしているんだろう」、と。それを一言で、「遊んでいるんだ」と言ってしまえば、それで終わる話だが、実際のところ、遊びに没頭している子どもたちは、いったい何をしているのだろうか。

かくれんぼや鬼ごっこなど、他の子どもと勝ち負けを競うゲーム遊びなら分かる。勝ち負けを遊んでいるのだ、と。

しかし、一人で（ないしは数人で各々黙々と）おもちゃと遊んでいる子どもはいったい何をしているのだろうか。一人でおもちゃを眺めながら、ぶつぶつ独り言をつぶやきながら、「これはこっちで、あれはここ。あー、これはここじゃない。……うーん、違うなぁ」とあてどなくミニカーの配置換えやプラレールのレールづくりやドールハウスに人形を配置することに没頭している子どもは、いったい何をしているのだろうか。

こうした「おもちゃと遊ぶ子どもたち」を研究する際に、本書で念頭に置きたいのは、フランソワ・テメル（François Theimer）の次の指摘である。

> 玩具（おもちゃ）や人形を研究する際、子どもの研究と関連づけることよりむしろ、社会と子どものかかわりの研究と結びつけることが必要である。（Theimer, 1996=1998 : 108）

これを踏まえて言えば、ミニカーやプラレールやドールハウスが生み出される今の社会と子どものかかわりから、おもちゃ遊びを考えろ、ということになる。おもちゃとは何かということを問う場合、先行する教育学や保育学や心理学等の「子どもの研究」の成果に基づいて論じることもできると思うが、視点を「子ども」に置いてしまうと、おもちゃそのものの本質的な意義や意味を捉え損ねてしまう恐れがあり、また、教育学や心理学の視点からの分析になってしまう恐れもある。それは同時に、「児童中心主義」や「新教育」の文脈に絡みとられてしまう危険性を伴うことになってしまう。

真に問うべきは、そうした子ども研究の文脈から離れ、おもちゃそのものの存在論であり、おもちゃという「もの」で遊んでいる時に何が生じているのか、ということである。そういう意味では、先行する「社会と子どものかかわりの研究」を意識しながら、おもちゃ・玩具のもつ意義や意味を探っていかねばならない。

古代ギリシャの哲学者はおもちゃと遊びをどう考えていたか

幼い子どもの生活を考えると、基本的には、寝たり、食べたり、排泄したりしつつ、テレビを見たり、ＹｏｕＴｕｂｅ動画を見たりしている。親が小さな子どもにスマホを持たせて、家事をせっせとこなす風景も今やごく当たり前のことになっている。

子どもが食べるのは、生命維持のためであり、空腹という基本的欲求を満たすためである。寝ることもまた、生命維持活動であり、人間のみならず、生物の基本的な行動形式といえる。排泄は、生理的現象であり、これもまた人間だけでなく、生物として絶対に欠かすことのできない行為である。

では、「遊ぶ」はどうだろうか。遊びは、生命維持活動と言えるだろうか。遊ぶことは、基本的欲求と言えるのだろうか。はたまた、遊びは生理的現象と言ってしまってよいのだろうか。どれも、首をかしげてしまう。

遊びは、「生命維持活動」というよりはむしろ、「余暇活動」と言ったほうがしっくりとくる。余暇活動は、生命維持活動とは真逆の活動で、余った暇な時間を過ごす活動といえる。空き時間に、生命維持にかかわらない活動をすることが、「遊ぶこと」である。

遊びを「余暇活動」「余計なもの」と見なす考え方は、すでに古代ギリシャ時代からあった。教育（学）のことを英語で「pedagogy」と表記するが、このpedagogyの語源は、「教養」や「文化」を意味するpaideia（παιδεία　パイデイア）である。このpaideiaは、「子どもの遊び」を意味するpaidia（παιδιά　パイディア）から生まれた言葉とも言われている。このパイディアは、「気晴らし」「娯楽」、つまり余暇活動的なものを意味している。

古代ギリシャにおいて最も有名な哲学者・教育者のプラトンは、『法律』（667E）の中で、楽しさについて触れ、「たとえば、食物や飲物、その他すべての栄養物には、楽しさが伴います」と書いた。その楽しさを「わたしたちは快楽と呼ぶことができるでしょう」として、「その快楽を与える害や益が、真剣にとりあげて語るに値しない場合、その同じ快楽を、わたしは遊戯と言います」と、アテナイからの客人に言わせている。プラトンの考えでは、真剣にとりあげて語るに値しない快楽が「遊戯」である。

プラトンは遊戯を「真剣に語るに値しないもの」と見なしていた。まじめな仕事より劣るものであり、「真似ごと」に過ぎないと考えていた(1)。

しかし、だからと言って、プラトンは「遊び」を不要なものとは考えていなかった。教育的なものとしての遊びについては認めている。これも、アテナイからの客人の発言である。

なにごとにせよ、一つのことにすぐれた人物たらんとする者は、子どもの頃から、そのことにそれぞれふさわしいもの(玩具)をもって遊戯をしたり真面目なことをしたりして、その練習をつまねばならないのです。たとえば、すぐれた農夫とかすぐれた建築家になろうとする者は、後者なら玩具の家を建てるなり、前者なら土に親しむなりして、遊ばなくてはなりませんし、彼ら両者を育てる者は、本物を模倣した小さな道具を、それぞれに用意してやらなくてはなりません。(法律、643B)

このように、農夫や建築家になるための子どもの教育（パイディア）としての遊びについては、プラトンも認めていた。

それだけでなく、プラトンは、人間を「神々の玩具」と捉えていた。「わたしたち生きものはみな、神の操り人形だと考えてみるわけです。もっとも、神々の玩具としてつくられているのか、なにか真面目な意図があってつくられているのか、それは論外としてね」（法律、644D）、「ほんらい神はすべての浄福な真剣さに値するものであるが、人間の方は、前にも述べましたが、神の玩具としてつくられたものであり、そして実際このことがまさに、人間にとって最善のことなのだということです」と記しており、ここに、われわれ自身が「おもちゃ」であり、「遊ぶ存在である」という意味が潜んでいると読むこともできなくもない。ゆえにヨハン・ホイジンガ（Johan Huizinga）も、プラトンについて、「彼は、遊びという概念を、精神の最高の境地に引き上げることによって、それを高めている」と書いているが（Huizinga, 1938=1973 :55）、そこまで評価していいものか、疑問も残る。

また、同時代を生きたアリストテレスも、まじめさや真剣さと反対のものとして遊びを捉えていた。

実際、遊びのために身体や財産を顧みなくなるような場合にあっては、それによって利するよりも、むしろ害悪を受けることのほうが多いのである。世上幸福だとされるひとびとは、しかしながら、こうした時間つぶしに逃避している者が多い。……［中略］……すぐれたひとにとっての最も望ましき活動は、彼の卓越性《アレテー》に即してのそれにほかならない。だからして、幸福が遊びに存するということはありえないのである。事実、遊びが究極目的であるとか、われわれは遊びのために生涯いろいろの面倒や苦難に堪えるのだとかいうことは、おかしい。まことに、およそ何ごとをとってみても、所詮すべては、それ自身とは別の目的のために選ばれるものなのであって、ただ幸福のみがその例外をなす。幸福こそが究極目標なのだからである。遊びのために真剣になり苦労するのは、ばかばかしく、まったく子どもじみているように思われる。アナカルシスの言葉を借りれば、真剣になりうるために遊ぶ、というのがほんとうだと考えられるのである。遊びは休息の意味を持つのであり、ひとびとが休息を必要とするのは、連続的に労作することの不可能なるによる。休息が、だから、目的なのではない。活動のために休息がとられるのである。（アリストテレス、1176b20-30＝1973）

アリストテレスは、遊びを「まじめさ」や「真剣さ」よりも低い次元のものと考えていた。卓越性に即して真剣に活動するために取る「休息」、まじめな仕事の合間の「暇つぶし」「気晴らし」が遊びであり、遊びが人間の活動の中心だとは考えていなかった。アリストテレスの視点に立てば、遊びは目的にはならず、真面目な労働や労作のために遊ぶだけだ、ということになる。

また、アリストテレスは、『政治学』の中で、5歳までの子どもには「強制的な労苦」に就かせてはならないと言った上で、「身体が不活発に陥るのを防ぐに足るだけの運動をしなくてはならない。そのような運動はいろいろな行為、特に遊戯によって与えなければならない」と言っている(アリストテレス、35a20 = 1969)。プラトン同様、アリストテレスもまた、教育のための手段としての遊戯については認めていたのである。

遊びは「しなくてもよいこと」か――まじめVS遊び

遊び・遊戯は、もともと古代ギリシャ時代から、「労働」や「まじめな仕事」や「真剣な活動」の対概念であると考えられ、また、子どもの教育のための手段や方法として考えられてきたことが分かる。プラトンやアリストテレスの時代から、遊び・遊戯はそれ自体卓越したものではなく、教育の手段だと考えられてきたのだ。ただ、それが今の時代にも、またこれからの時代にも、通用するとは限らない。

生きるための糧を得るための活動は、寝たり食べたりする生命維持活動と同じで、「しなければならないこと」となる。逆に、生命維持にかかわらない遊びは、「しなくてもよいこと」であり、「しなくても死にはしないこと」となる。食べることや寝ることは、それこそ生死にかかわる活動であり、しなければならない活動であり、せずにはいられない活動である。働くことは、食べるための糧を得るための活動であり、やはりこれもしなければならない活動となる。

アリストテレスに従えば、遊びは、生命維持活動以上の意味をもつことはない。主たる生命維持活動以外の「暇つぶし」の「余暇活動」に過ぎない。遊びをしなくても、死にはしないし、それをすることで生命維持に必要な物資が得られるわけでもない。まさに余暇の営みと言える。

では、学校で勉強することは「しなければならないこと」だろうか。それとも「しなくてもよいこと」だろうか。

おそらく今の時代を生きるわれわれは、なんとなく「義務教育なのだから、しなければならないことだ」と答えるだろう。だが、学校に行かなくても、死にはしないし、それで全く働けなくなるわけでもない。学校で勉強することは、生命維持活動というよりは、余暇活動だと考えることもできる。つまり、勉強は遊びである、と。

もともと学校を意味するschoolの語源は、ギリシャ語の「σχολή（skholḗ　スコレー）」で、その意味は「レジャー（leisure）」「安息（rest）」「自由な時間（free time）」といった意味だった。学校は世界最古の「レジャー施設」「テーマパーク」と言ってもよい。今の時代からすると、ピンとこない話かもしれないが、学校に行かなくても別に死にはしないし、それで生命の危機に陥るわけでもない。それに、学校に行くことで、自然や文化や社会や科学など、世の中のありとあらゆることを知ることができるという意味では、最高のレジャー施設なのかもしれない。レジャーには「義務から解放された自由な活動の時間」という意味がある。

そうだからこそ、２０２０年に生じた「コロナ・パンデミック」の際には、まず「不要不急の外出の自粛」として、遊ぶことと学校に行くことが（事実上）真っ先に禁じられることとなった。２０２０年3月には、日本中の学校が閉鎖されたことを思い出したい。大学での学びもまた自粛の対象となり、あらゆる学校行事が中止に追いやられた。以後、子どものみならず、大人も、遊ぶことを自粛するよう、報道メディアを通じて政府や行政から強く要請されたのは周知のことだろう。

余暇活動は、「しなくてもよいこと」「しなくても死にはしないこと」であり、つまりは不要不急のものであり、コロナ禍に直面して、「遊ぶな、自粛せよ」と国家権力者に命じられたのである。このことに異を唱える人はほとんどいなかった。そして、誰もがこの命令（「要請」という言葉での「命令」）に従った。その結果、子どもたちは、「自由に遊ぶ」という可能性が断たれ、家の中に閉じ込められ、大人が用意する（たいして興味もないような）遊びに甘んじるしかなかった。

遊びをせんとや生まれけん

だが、古代ギリシャの発想とは異なり、日本や他の東アジア諸国では、古来より「遊び」は、「しなくてよいこと」「無駄なこと」「不要不急のこと」ではなく、最も尊い営みの一つだった。

仏教の世界には、「遊戯《ゆげ》」という言葉がある。遊戯《ゆうぎ》という言葉の由来となる言葉だ。今でも遊戯という言葉は、幼稚園や保育園での「お遊戯会」などで使われている。また、１９９６年～２００４年に週刊少年ジャンプで連載された「遊☆戯☆王」もある。

遊戯は、仏教的には悟り・菩薩の境地に立った者がなんのとらわれもない状態で遊ぶかのように、自由に衆生を教え導くことを言う。また、『無門関』という中国の公案集の中では、「遊戯三昧《ゆげざんまい》」（無門慧開《むもんえかい》、1183-1260）という言葉があり、まさに仏の境地に立って何にもとらわれずに遊戯を楽しむことを示していた。

仏教の世界における「遊戯」(vikrīḍita)

遊戯《ゆげ》は、「仏」「菩薩」の「自由自在で何ものにもとらわれないこと」を意味する言葉だ（岩波仏教辞典、1989 :814）。遊びが自由と結びつくのは、この遊戯《ゆげ》という考えがあったからもしれない。また、親鸞（1173-1263）の書『正信念仏偈《しょうしんねんぶつげ》』の中に、「遊戯神通」という言葉がある。「大慈悲を以て一切の苦悩の衆生を観察して、応化身を示して生死の園・煩悩の林中に廻入し、遊戯神通をもて教化地に至る（「以大慈悲観察一切苦悩衆生、示応化身、回入生死園煩悩林中、遊戯神通至教化地」）」とあるように、何にもとらわれずに、意のままに（自由に＋超越的な力で）世間の人々を助け、導く能力のことである。

サンスクリット語では、遊戯は、"vikrīḍita"である。この語は、①played, played with, made a plaything of、②play, sport、③a child's play、である。遊びは、東洋の歴史においても、古くから存在するものと考えてよいだろう。しかも、西洋と違い、遊戯を、仏や菩薩の高い（特殊な）能力と見なしている点は興味深い。お遊戯会も、あまり子どもを型にはめず、何にもとらわれずに自由に楽しめる会であってほしいと思う。

日本史で有名な後白河法皇もまた、そうした「遊び」の価値や意義を見抜いていたのではないか、という話もある。

平安末期の1180年頃に後白河法皇が編纂した『梁塵秘抄《りょうじんひしょう》』の中に、白拍子（遊女、傀儡子）の作品が掲載されている。

遊びをせんとや生れけむ　戯《たはぶ》れせんとや生れけん
遊ぶ子供の聲《こえ》きけば　我が身さへこそ動がるれ

これを現代語訳にすると、「遊びをしようとしてこの世に生まれてきたのだろうか（いや、そうではない）。戯れようとしてこの世に生まれてきたのだろうか（いや、そうではない）。（なのに）遊ぶ子どもの声を聞くと、私の身が動かされるのはどうしてだろうか」、といった意味となろうか。

現代を生きる人たちは、プラトンやアリストテレスのように、遊びを「しなくてもよいこと」、「無駄なこと」、「不要不急のこと」と見なす傾向が強いが、元来、日本やその周辺国では、遊びは神聖なものであり、悟りや菩薩と深くかかわりゆくものだったのだ。また、前述の歌にあるように、遊ぶ「子供の聲」に尊さを感じていた。遊びは、余暇活動といったレベルのものではなく、人生の最終的な目標となるような高次の営みだったのだ。遊ぶために、われわれは生まれてきたのだ、と。

とはいえ、おもちゃと遊ぶ子どもたちが、悟りや菩薩の境地に立って遊戯《ゆげ》を行っているとは考えにくい。だが、古の人々は、遊ぶ子どもたちを見て、「そんな無駄なことはやめろ」とは言わなかっただろう。いったいいつどこで遊びは、「しなくてもよいこと」、「する意味のないこと」、「すべきではないこと」に貶められたのだろうか。

なぜ子どもはおもちゃと遊ぶのか

ここで、最初の問いに戻ろう。なぜ子どもはおもちゃと遊ぶのだろうか。また、おもちゃと遊んでいる時に、いったい子どもたちはいかなる経験をしているのだろうか。子どもたちは何のために、何に向かって遊んでいるのだろうか。

その細かい遊びの議論は、第3章で詳しく見るので、ここでは、おもちゃ遊びを、「子どもたちは、大人たちから見て有益ではないと思う『もの』、つまり『おもちゃ』を、生命維持のためではない目的のために、意のままに自由に扱うこと（集めること、知ること、学ぶこと）を楽しむこと」、と記しておこう。

第1節で見たように、「大人にとって無意味であればあるほど、そのおもちゃはほんものである」。そんな無意味と思われるおもちゃを、生命維持のためではない目的のために、自由に持ち遊ぶことで、子どもたちはいったい何をしているのだろうか。

このことをより具体的に考えるために、おもちゃの代表格である「ぬいぐるみ」と「人形」を例に上げて、あれこれとあてどなく論じてみよう。

第3節　ぬいぐるみ誕生秘話
――テディ・ベアとマルガレーテ・シュタイフ

子どもたちには最善のものだけで十分である
Only the best is good enough for children
マルガレーテ・シュタイフ

テディ・ベアの誕生秘話

まずは、ぬいぐるみから考えてみよう。ぬいぐるみというと、まずは「テディ・ベア(Teddy Bear)」が思い浮かぶ。テディ・ベアは、世界で最も古く、最も有名なクマのぬいぐるみである。

では、このテディ・ベアの「テディ(Teddy)」はいったい誰の名前か、ご存じだろうか。テディとは、第二十六代アメリカ合衆国の大統領セオドア・ルーズベルト(Theodore Roosevelt, 1858-1919)のニックネームである。なので、テディ・ベアとは、「ルーズベルト大統領のベア(クマ)」という意味となる。

いったいなぜルーズベルトの「クマ」が誕生したのか。
ルーズベルトは、１９０２年11月14日、ミシシッピ州知事のロンギーノの誘いで、同州のオンワード郊外へとクマ狩り（to hunt bears）に出かけた。だが、彼は残念ながらクマを一頭も見つけることができなかった（Ranger Alyssa, 2021）[2]。

それを見た彼の大統領補佐官たちが、急いでクマを見つけ、そのクマを木に縛り付けて、ルーズベルトに「撃ってください」と申し出た。この時、銃で撃ち殺すこともできたが、ルーズベルトは、それを拒否したのだ。瀕死のクマを撃つのは、スポーツマンらしくない（unsportsmanlike＝正々堂々としていない）と思ったからだ。彼は大物のゲームハンターだった[3]。

このエピソードは、すぐにニュースになった。翌々日の16日には、ワシントンポスト紙にクリフォード・ベリーマンの風刺画が掲載された。（Clifford Berryman's 1902 cartoon that lampooned T.R.'s bear hunt）

この風刺画を見たロシア生まれの実業家

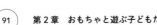

でその当時文具店を営んでいたモリス・ミットム（Morris Michtom）は、妻のローザ（Rosa）と共に、クマを撃ち殺すことを拒否したルーズベルトを讃えるためにクマのぬいぐるみを作った。ミットム夫妻はこの人形を「テディのクマ」と名付けたのだ。

ルーズベルトは、この名前の使用許可を出した。それを機に、ミットム夫妻はこの「テディのクマ」の大量生産をはじめる。翌年の１９０３年、「アイデアル・トイ・カンパニー（Ideal Toy Company）」という会社を立ち上げた。「Ideal toy」は、文字通り「理想のおもちゃ」という意味である。「テディのクマ」は、その後、大ヒット商品となる。

テディ・ベアとシュタイフ

まさにその１９０２年、ドイツ南部ウルム近くの小さな町ギーンゲン（Giengen an der Brenz）で、それ以前からぬいぐるみを作っていたシュタイフ社が、クマのぬいぐるみ「ＰＢ55（Plüsch und Beweglich, 55cm）」を制作していた。１９０３年から１９０６年にかけて、シュタイフ社は、クマのぬいぐるみの製造と販売を強化し、アメリカにも輸出するようになった。

テディ・ベアとシュタイフの邂逅の前に、そのシュタイフ社の歩みを見ておこう。

シュタイフ社の創業は１８８０年。日本が長い鎖国から門戸を世界に開いた頃だ。最初

に作ったのは、クマのぬいぐるみではなく、小さなゾウのぬいぐるみ「Elefäntle（Little elephant）」だった。しかも、一番はじめは「ぬいぐるみ」ではなく、義妹のプレゼント用の「針刺し（Pin-cushion）」として作られたものだった(4)。

その創業者であるマルガレーテ・シュタイフ（Margarete Steiff）は、シュタイフ社の創業日にたまたまファッション誌を読んでいた。その雑誌の中で、小さなゾウの型紙（Pattern）を見つけ、その型紙を用いて、ゾウを縫って作ったのだ。これが、世界初のぬいぐるみだったと言われている。

このフェルトのゾウ型の針刺しを、子どもたちはとても喜んだ。その時に、マルガレーテは、見た目がかわいくて、質の良いぬいぐるみの重要性を実感したという。このゾウの針刺しは5年間で600個売れた。その後、ゾウだけでなく、「サル」「ロバ」「ウマ」「ブタ」「ネズミ」「イヌ」「ネコ」「ウサギ」「キリン」等のぬいぐるみを作り、それをまとめたカタログ本も出版した。

1893年には、彼女が作ったゾウのぬいぐるみを、実に5170個も売り上げたそうだ。その当時としては、破格の販売数だったという。この年に、マルガレーテは「子どもには最善のものだけを」という想いを強くし、社名を「フェルト・トイ・カンパニー」に変える。その後、1895年には、海外初となる店舗をロンドンの老舗デパートでオープンする。

その二年後の1897年から、マルガレーテの甥で、応用美術（Applied arts）を学んだリチャード・シュタイフ（Richard Steiff）が彼女の下で働き始める。1902年、リチャードは、現在のテディ・ベアの原型となるクマのぬいぐるみの基礎となるスケッチを描き、それを見たマルガレーテが、腕と脚を動かせるモヘアで覆われたやわらかいクマのぬいぐるみを思いつく。この時に作られたのが、その後アメリカに輸出されることになる「PB55」のぬいぐるみであった。ここで、シュタイフ社の公式ホームページに記載されている「シュタイフ・ヒストリー」に基づいて、マルガレーテの生涯について見ていこう。

マルガレーテ・シュタイフの生涯

マルガレーテは、1847年7月24日に南ドイツ・バーデン＝ヴュルテンベルク州のギーンゲンで4人兄弟の3番目の子として生まれた。

マルガレーテは、1歳半（生後18か月）の時に、骨髄性小児まひ（ポリオウイルスによる感染症）を患い、両足と右手が不自由となり、車椅子での生活を余儀なくされた。

マルガレーテは、それでも持ち前の明るさで学校に通った。とても勉強のできる子だったという。右手の不自由は左手でカバーした。その後、裁縫の技術を学んだ。

1877年、マルガレーテは小さなフェルト素材の衣服店を開業する。フェルト（Felt, Filz）は、「羊毛などの動物繊維を石鹼液で湿らせて圧力や摩擦を加えて作るシート状の素材」である(5)。彼女はここでハンドメイドの衣類や日常品を販売した。すぐに、女性の裁縫師を雇用できるほどに、彼女の作った商品は売れたという。

そして、前述した1880年のシュタイフ社創設へと続いていく。この年に生まれた小さなゾウのぬいぐるみこそ、「子ども向けに作られた世界初のぬいぐるみ」だった。

1893年3月3日、彼女が45歳の時に、シュタイフ社はフェルト製品を製造する工場（felt goods factory）を創設する。その工場の名は、「マルガレーテ・シュタイフ・フェルトおもちゃ工場（Margarete Steiff, Filzspielwarenfabrik Giengen/Brenz）」だった(6)。

（マルガレーテ・シュタイフ・フェルトおもちゃ工場）

また、この年にライプツィヒで催されたおもちゃ見本市に参加し、自社製品を展示した。そして、翌々年の１８９５年には、「世界一のデパート」と言われる１８４９年創業の老舗高級百貨店「ハロッズ（Harrods）に初の海外店舗を出店する。このハロッズに出したシュタイフ社のクマのぬいぐるみから、『クマのプーさん（Winnie the Pooh）』が生まれたとも言われている。1歳のクリストファー・ロビン君がプレゼントでもらったのが、テディ・ベアだった。

１８９７年に、前述した甥のリチャードがシュトゥットガルトでの学業とイギリス留学を終えて、シュタイフ社に加わる。その際に誕生したＰＢ55は、ライプツィヒおもちゃ見本市に出された。この時、アメリカのディーラーがこのＰＢ55を見つけ、なんと３０００個も注文してくれたのだ。この３０００個のＰＢ55がアメリカに渡り、アメリカでの販売に成功する。

１９０４年、マルガレーテの甥のフランツ（Franz Steiff）が、シュタイフのぬいぐるみのトレードマークである「耳タグ（Button in Ear）」を開発する。ニセモノのぬいぐるみからシュタイフ社のぬいぐるみを保護するために作られたものだった。その当時タグには「ゾウ」が描かれていた。この耳タグは、今もニセモノから守るためにシュタイフ社すべてのぬいぐるみに付けられている――定番商品、キッズ定番商品、限定商品、レプリカ商品などによってそのタグのデザインは異なっている――。

１９０６年にルーズベルトのニックネームから「テディ・ベア」と名付けられたシュタイフ社のぬいぐるみは、翌１９０７年にアメリカで「テディ・ベアブーム（Teddy Bear boom）」を巻き起こす。記録によれば、なんと１７０万個のシュタイフ社のおもちゃが販売され、９万７３９９個のテディ・ベアが売られたそうだ。この頃には、４００人の従業員がシュタイフ社で働き、１８００人もの人がホームワーカーとして各家でぬいぐるみづくりをしていた。

一九〇七年には、ギーンゲンで、およそ一〇〇万体のテディベアがつくられ、四〇〇人あまりが働いていましたが、そのほとんどを、マルガレーテはもう個人的に知りませんでした。工場以外にも、一八〇〇人もの内職の人や海外の社員がいました。アメリカの大恐慌が、ギーンゲンの会社にも大きな打撃を与えましたが、心配するマルガレーテを安心させようと、甥たちは、ヨーロッパの市場はうまくいっているか

ら、この危機は乗りこえられると言いました。（ウルリケ・ハルベ・バウアー、2007＝2010：252-253）

そんなテディ・ベアブームの最中、１９０９年5月、マルガレーテは肺炎（pneumonia）のために死去する。62歳だった。彼女の死後、甥たちがシュタイフ社を受け継ぎ、更に商品のラインナップを充実させ、会社の規模も次々に拡大していった。20年代には、再びフェルト生地の商品に人気が集まり、シュタイフ社は製造ラインの強化を推し進めた。１９３１年には、20年代に誕生したウォルト・ディズニー社とパートナーシップを結び、初となる「ミッキーのぬいぐるみ」を制作する。

日本の「縫い包み」

英語では「plush」「stuffed animal」「soft toy」などと呼ばれる「ぬいぐるみ」だが、日本語では、「縫い包み」と書く。綿や綿を布に包んで、動物のかたちにして、縫い付けたものが「縫い包み」である。

人形・ぬいぐるみ
子どもは皆、やさしい愛情を注いだり、心遣いをしたりすることができる玩具を必要としています。
人形や布製の動物は、子どもたちの感情発達のために最も重要な役割りを果たしています。子どもにとって人形や動物は友だちであり、また信頼できる存在なのです。
(子供の遊びと玩具審議会、1980:74)

ぬいぐるみは――次節で取り上げる人形と同様に――、子どもたちにとって「友だち」であり「信頼できる存在」である。しかし、それだけでなく、子どもたちが「やさしい愛情」を注ぐ対象ともなる。ゆえに、ぬいぐるみは、子どもたちにとっては「対等の存在」から「お世話をする対象」くらいのところにある「もの」と言えよう。

ぬいぐるみの動物は、子供がもっとも可愛がる玩具のひとつです。これらは人形よりずっと長い間、場合によっては大人になるまで、あらゆる年齢段階を通じて子供のそばを離れることがありません。…［中略］…昔から熊のぬいぐるみは、大変人気があり他の動物と比べても一番好かれていました。しかし、最近は昔ほどでもなくなったようです。恐らく子供が動物園に行ったり、テレビを見たりして、いろいろな動物を知り、その結果子供自身の好みが変わったからでしょう。どんな動物と仲良しになりたいかは、子供によってそれぞれ違います。…［中略］…子供には最も好きなぬいぐるみの動物が1匹いれば充分です。（子供の遊びと玩具審議会、1980：79）

なぜ子どもはぬいぐるみを大事にするのか

男女問わず、ぬいぐるみを愛している子どもはとても多い。その子どもにとってのぬいぐるみは、なによりもかけがえのないもの（対象、存在）である。肌身離さずぬいぐるみを抱きかかえている子どもを見るたびに、「ぬいぐるみって何だろう？」「子どもにとって、ぬいぐるみとはいったいどんな存在なのだろう」と思う。

朝起きる時も、ご飯を食べる時も、どこかに出かける時も、そして夜寝る時も、どんな時でも一緒にいることができるのが、ぬいぐるみである。「ぬいぐるみを使って遊ぶ」というよりは、「ぬいぐるみと共に遊ぶ」と言うほうが正しい気がする。ぬいぐるみは、それを大事にする子どもにとっては、人生のパートナーであり、常にそばにいる存在であり、一つの人格であり、精神的な存在となっている。「もの」を超えた存在と言ってよいはずだ。そういう意味では、「ペット」や「子分」に近い存在とも言えるかもしれないが、それ以上の存在のような気もする。

ぬいぐるみは、単なる「おもちゃ」に留まらない。現実的に言えば、「もち遊ぶもの」になっており、本来のおもちゃの機能を果たしているが、それ以上の存在である。「もち生きるもの」と言いたくなる。他のなによりも子どもと常に共に生きる存在。それが、ぬいぐるみという存在のような気がしてならない。

ぬいぐるみに心からの優しい声で話しかけている子どもを見ると、「ああ、この子はきっと、愛することのできる人になるんだろうな」と思う。子どもたちは、ぬいぐるみを通して、愛することを学んでいるとも言えるのではないだろうか。自分自身が大事だと思うものを信じ、それを守り抜くことは、愛情深い自由な人間になるための第一歩となるだろう。

マルガレーテはこう言っていた。「自分自身を信じられる人が自由なのだ」、と。

Wer an sich selbst glaubt, ist frei
Freedom is believing in yourself
Margarete Steiff

第4節　なぜ人は人形に魅了され続けるのか？
――くるみ割り人形

マリー、おまえがそんなにくるみわり人形を気にいったのなら
これをおまえにあずけるから大事にあつかうんだよ
シュタールバウム博士

おもちゃの村、ザイフェン

ドイツに、「おもちゃの村（Spielzeugdorf）」があることをご存知だろうか。その村には、いくつものおもちゃ屋さんとおもちゃ工房が並び、村に一本しかないメインストリートには、巨大な人形がモニュメント的にいたるところに置かれている。村中がおもちゃでいっぱいで、どこかのテーマパークに来たかのような気持ちになる。

その町の名は、ザイフェン（Seiffen）である。ザイフェンは、ドイツ東部のエルツ山地の小さな村で、チェコとの国境近くにある。２０２０年の時点で、住民の数は２０７６人。本当に小さな村である。アクセスも簡単ではない。最寄りの大都市はドレスデンだが、そ

のドレスデン中央駅から電車でフライベルク駅に向かい、そこからバスに乗り換え、更にその先で何度かバスを乗り継いで（あるいは直行便で）、ザイフェンに到着する。今の時代、スマホがあるので、Google map 等ですぐに公共交通機関の乗り換え情報を得ることはできるが、ドイツ語がある程度できないと、実際に現地に行くのはなかなか難しい。

ザイフェンは、もともと錫の鉱山であり、日常生活に必要なガラス製品や装飾用の工芸品を作る村だった。だが、やがてその資源も枯渇し、海外から安い鉱石も入ってくるようになり、1849年に閉山することになる。鉱夫たちは、これまで培ってきた木工旋盤（せんばん＝ろくろ）の技術を生かし、本格的にろくろ細工のおもちゃづくりに励むようになる。というのも、それ以前から、村の子どもたちのために「廃材」を使って、様々なおもちゃを（子どもに与えるために）本業の片手間で作っていたからだ。

子どもたちは、その廃材から作られた木のおもちゃを使って楽しく遊んでいた。その最高傑作が、「シュヴィップボーゲン（Schwibbogen）」だろう。このシュヴィップボーゲンは、子どものみならず、大人が見ても、心からうっとりさせられる美しいアーチ型のキャンドルスタンドである。

ザイフェンのくるみ割り人形

そんなザイフェンで生まれ、世界的に有名な人形のおもちゃとなったのが、「くるみ割り人形」である。おそらくみなさんもこの名を聞いたことはあるだろう。大きな口でクルミを割ることのできる実用性を兼ねた木製人形だ。

この人形に関するもので最も有名なのは、ロシアの作曲家チャイコフスキーのバレエ組曲「くるみ割り人形（英：The nutcracker, 露：Щелкунчик）」であろう。

この組曲のモチーフとなったのが、1816年にホフマン（Ernst Theodor Amadeus Hoffmann, 1776-1822）が書いた児童文学作品『クルミわりとネズミの王様（The Nutcracker and the Mouse King）』である。

ホフマンは、現在のロシア領「カリーニングラード」のケーニヒスベルクで生まれた作家（兼作曲家等）で、文豪のゲーテやシラーの作品に強い影響を受けている。ロマン主義的な作品が多く、「幻想小説」のパイオニアでもあり、『牡猫ムルの人生観』は、夏目漱石も読んでいたことでよく知られている。後にドイツのバンベルクに移住し、更にベルリンに移住する。そのベルリンで書いたのが、この作品だった。

主人公のマリー（クララ）がクリスマスのプレゼントでシュタールバウム博士からもらったのが、ザイフェン生まれの「くるみ割り人形」である。

小男の体つきについては、いろいろ文句をつけることができました。がっちりとした胴長の上半身に、やせた短足、おまけに体のほかの部分とくらべて、とてつもない頭でっかちです。とはいうものの、体つきの欠点を帳消しにするような、高貴な育ちと好みのよさを示す、りっぱな服装をしていました。たくさんのボタンと白ひものボタンかざりがずらりとならんだ、仕立てのよいうす紫の軽騎兵《けいきへい》の上着を着、同じ色のズボンをはいて、士官学校の生徒や、もしかしたら将校にさえ上等すぎると思われるような細身のブーツをはいていました。ブーツはまるで細い両足に絵具でかいたのかと思われるほど、ぴったりときまっていました。ところが奇妙なことに、まるで木で作ったような不格好なマントを肩からはおり、一見、炭鉱夫のかぶるようなぼうしをかぶっていました。（ホフマン、1984=1985:11）

実際のくるみ割り人形を見ながら、この文章を読むと、おそらくホフマンもザイフェンのくるみ割り人形をモチーフにして記述したのだろう、と思えてくる。その様子はこう描写されている。

小男の人形は、口をパクっと開いて、二列にならんだ鋭い白い歯を見せました。マリーがお父さんに言われて、その歯の間にくるみをひとつはさむと、人形は、カチッと音を立ててくるみをまっ二つにわりました。からが床におち、マリーの手の中にくるみの中身が残りました。(Ibid.:12)

頭でっかちで、がっちりとした胴体のわりには、足は細くて短い。笑っているようにも見えるし、怒っているようにも見える。優しそうにも見えるし、軽騎兵らしい厳格さの持ち主のようにも見える。この作品は、世界中で翻訳され、日本でも数多くの「くるみわりにんぎょう」が絵本化された。そういうこともあり、ザイフェンは、世界中から熱心なファンたちが集まる唯一無二の「おもちゃの村」としてよく知られている。日本でも、ザイフェンのおもちゃを愛する人が熊本の阿蘇で小さなおもちゃショップ&カフェ「カフェ・ティッペル」を経営している。ここでも、ドイツ製のくるみ割り人形や煙出し人形を購入することができる(7)。

日本の人形の歴史

では、人形が「おもちゃ」として扱われるようになったのは、いったいいつ頃、どの国でなのだろうか。

おもちゃかどうかは別にして、人形の歴史はとても古い。というより、人形の歴史は人類の歴史そのものである。歴史的には、①呪術や祀りの道具として、②大人たちを楽しませる道具として、③子どもに大人の仕事を教えるための道具として、人形は作られてきた。

まず、①の呪術や祀りの道具としての歴史を見てみよう。日本では、「土偶」（縄文時代）や「埴輪」（古墳時代）に代表されるように、人形《ひとがた》は、古代から存在するものだった。

土偶は、人間や動物のかたちをした土人形で、呪術や祀りの道具として用いるものであり、

埴輪は、素焼きの土器で、鎮魂のために葬送の儀式に用いられるものだったが、実際のところはよく分かっていない。
土偶は、縄文人の信仰や呪術や祭祀と深くかかわる呪物だと思われるが、これも実際に何のために作られたのかについてはよく分かってない——ハート形の土偶も発見されているが、子どものために作ったとは考えにくい——。
ただ、埴輪の用途については、ある程度判明している。埴輪には、円筒埴輪、壺型埴輪、人物埴輪、盾型埴輪などあり、そこに人形《ひとがた》の埴輪があった。

「最初は墳頂部や墳丘斜面・裾などに立てられたが、後には造出し部、横穴式石室の入口付近、墳丘側面、外堤などにも並べられた。古墳の築造にともなって制作されたものと考えられ、古墳の年代を考えるうえで重要であり、その編年は円筒埴輪を中心に研究が進められている」（日本史小辞典、2001:802）。

また、「でく（木彫りの人形）」や「木偶（木で作った人形）」なども古くからあるし、伝統工芸品として、「こけし（木形子）」や「からくり（絡繰り）」や「張り子」なども作られていた。

この中には、①の呪術や祀りの道具としての人形だけではなく、②の大人たちを楽しませるための道具としての人形が含まれている。

たとえばからくり人形は、客人にお茶を提供したり、また飲んだ後の湯呑みを片づけたりする楽しい道具として作られていた。子どものためというより、当時の大人たちの娯楽道具として人形が作られ、使われていたことが窺える。

ヨーロッパの人形の近代史

中世から近代にかけて、日本国内だけでなく、世界各地で数々の人形が作られた。ここでは、ヨーロッパの人形の歴史を概観しよう。

麻生らによれば、「子どもの玩具として用いられたことがほぼ確実と推定できる最古の人形は、古代エジプト第十九王朝（前一三〇四〜一一九五年）の幼児の墓に埋葬されていた、長さ一二センチの木彫彩色の人形である」という（麻生、2000. 山田、1967）。

ヨーロッパの人形として代表的なのは、「藁《わら》人形」、「蠟人形」といった原始的な人形や、「ポーセリン人形」「磁器（陶器）人形」「ビスク人形（ビスクドール）」「べべ人形」といったアンティーク・ドールである。「十七世紀から、ロウ製の頭部や胸像、腕をもつ人形が、量産ではなく作られている」（Theimer, 1996=1998 : 126）、とあるように、ロウを固めた人間そっくりな人形が細々と作られ始めた。これらの人形は、呪術や祀り、葬儀や他の儀式などに用いられた。

これらの人形には、子どものかたちをしたものが多く残されており、今も子どもの「アンティーク・ドール」は高値で売買されている。だが、どの人形を見ても、子どものために作られたようには見えない。子どもにそっくりな人形もあるが、どれも「かわいい」ものになっていない。もちろん、ぬいぐるみのように柔らかくもないし、手足が動くわけでもない。

他方で、ヨーロッパでは、先述した③の「子どもに大人の仕事を教えるための教育の道具」として人形が用いられてきた。西洋中世史が専門の池上俊一は、子どものためにではなく、遊びを通じて大人の仕事や義務を学ぶものだったとして、こう述べている。

> 教育としての遊びの最たるものは、「人形遊び」であり、これはとりわけ女の子の好むところであった。中世の女の子は、今日の女の子とかわらず、お気に入りの人形に「母性愛」を注ぎ、おむつをつけ、衣服を着せ、食事を食べさせた。もともとこれらの人形は、葉の束やぼろ布を紐でしばったり、焼き粘土でかたどったり、さもなければ木彫りの、ごく簡単な作りであった。（池上俊一、遊びの中世史、1994 = 2003 :25-26）

中世の人形は、子どもの遊びのためのものというよりは、母親になるための教材として使われていたようだ。子どもの遊び道具というよりは、大人になるための教材・教具だった。まだ「子ども期」や「幼少期」といった明確な区分はなく、少しでも早く女の子たちを大人にするために用いられたと考えるべきだろう。

その後、19世紀に入り、ドイツではくるみ割り人形が登場したが、フランスでは、この時期に子どものための人形が販売されていたという。その経緯に関して、社会と子どものかかわりを重視したテメルは、「特許」という観点から、次のように述べている。

玩具に関する最初の特許は万華鏡に対して与えられたものであり、ようやく1818年のことであった（これは特許登録のシステムの危うさを示す最良の例である。なぜなら数か月の差こそあれ、同年に、同じ万華鏡についての特許がフランスに三つ、イギリスに一つ数えられるからだ）。つづいて1821年には機械仕掛けの馬が、1824年にはお喋り人形の特許が認められた。(Theimer, ibid. : 12)

この証言が正しいとすれば、1824年に子どものための商品としての「お喋り人形」が販売されたということになる――ホフマンが『クルミわりとネズミの王様』を書いた時期と重なる――。この時期には、子ども用の人形が考えられており、製造もされている。よって、ぬいぐるみよりも人形の方が「子ども用のおもちゃ」としても古いということにもなる。

子どものための、子どもたち向けの人形という意味では、日本の「姉さま人形」はかなり古くから存在している。日本玩具博物館に実物が展示されているが、この姉さま人形は、１８５３年にはすでに城下町などで販売されていたという。

姉さま人形は、縮らせた和紙で島田、丸髷、桃割れなどの婦人の髪形を真似て作り、千代紙などの衣装を着せた紙人形です。手も足もなく、顔も描かれていないものが多い。日本髪の美に重点を置いて作られ、観賞用ではなく、少女たちが日常のままごと遊びに使った人形です。江戸時代に女の子の遊びとして広く各家庭に普及し、嘉永6年（１８５３）の『守貞漫稿』には和紙で作る髪型の作り方が詳しく述べられています。江戸末期頃には城下町を中心に各地で商品としても売り出され、各地域毎の特色もありました(8)。

日本の人形が世界へ

18世紀後半から19世紀にかけて、とりわけ「子どもの発見」以後、子どものための人形が意識的に作られるようになる。ヨーロッパでは、前述のザイフェンのくるみ割り人形をはじめとして、次々に子ども向けの人形が製造されることになるが、テメルによれば、そのきっかけを与えたのは、なんと日本の「市松人形」だったと言うのだ。

日本が鎖国を解き、その結果西欧と日本の貿易といえるものが始まったことから、日本の人形がある輸入業者によって輸入され、ついで1855年のパリ万国博に出品されることになった。日本の人形〔市松人形〕はそのやわらかい外見と子どもらしい様子で子どもたちを魅了し、ヨーロッパの製造業者たちは即座に、このタイプの人形製造に向かうべきだと確信を抱いたのである。(Ibid. : 113)

この話によれば、1855年のパリ万国博で日本の市松人形が出品され、それに触発されたヨーロッパの製造業者たちが子ども向けの人形作りを加速させたというのだ。その頃に大人気となったのが、「ベベ・ドール」である。テメルによれば、19世紀後半の、フランス（つまりパリ万国博の頃）には、主にドイツ製の「機械仕掛けの玩具」「室内・屋外玩具」「金属製玩具」「おままごとセット」「列車」など様々なおもちゃがあったが、「人形はほとんどなかった」、という（Ibid. : 108)。

人形とぬいぐるみの違い

以上のことから、前節で述べた「ぬいぐるみ」と比較すると、やはり人形の歴史は長いということが分かる。19世紀後半に誕生したぬいぐるみに対して、人形はそれこそ「人間の歴史」と同じだけの歴史をもっている。ただし、子どものための遊具、すなわち「おもちゃ」として使われるようになったのは、近代になってからのことである。

では、その人形とぬいぐるみとではいったい何がどう違うというのだろうか。このことを明らかにするために、人形のもつ意味について少し考えたい。

現在、店頭に並んでいる人形――たとえば「リカちゃん人形」や「シルバニアファミリー」など――を見ると、ぬいぐるみと違って、様々なシチュエーション（社会的状況や文脈）やバリエーションが用意されていることに気づく。単に「リカちゃん」だけが商品化されているだけでなく、「洋服」や「家具」や「キッチン」や「部屋」や「店舗」なども用意されており、リカちゃんの生活世界を作り上げることができる。「いつも一緒にいる友達」、「常に手元に置いておくもの」というよりは、「リカちゃんの世界を自分の手でクリエイトし、デザインする道具（事物）」として、人形は存在しているように見える。人形は、「自分の分身」となり、その周囲の物は「所有物」となり、その世界の「主」となる。その自分が作った世界を、友達のぬいぐるみと一緒に眺めて、嬉しそうに満足するのである。もちろん、人形がぬいぐるみのように「友達」になることもあるだろう。その使い方や楽しみ方には無限のバリエーションがあり、ゆえに末永く子どもたちから愛されているのではないだろうか。

現代の人形——アバター、インタラクティブ・トイ

最後に、人形の未来について考えておきたい。今日のわれわれの社会では、実在する人形だけでなく、ウェブ上の「人形《ひとがた》」が無限に存在する。最近では、実在する人間ではなく、実在しない仮想現実の歌い手が歌う曲がヒットしている、という奇異な現象も起こっている。「初音ミク」はその代表的シンガーだろう。

そうした人形《ひとがた》の一つが、自分の写し鏡である「アバター（Avatar）」であろう。アバターは、ゲーム空間やネット空間の中で登場する自分自身の「化身」、「分身」、「権化」のことである。人はこのアバターを使って、オンラインの世界を生きている。自分自身がアバターになりきるのである。その世界には、他のアバターが多数おり、そのアバターと会話をしたり、共に戦ったり、互いに戦ったりするのが、オンラインの日常となっている。

このアバターを「人形もどき」として着目したのが、菊池浩平である。菊池は、このアバターについて、次のように述べている。

今の時代、アプリなどを使えば、簡単に動物やアニメキャラのような外見を身にまとうことが出来ます。実際、学生や教員仲間の中にも、生身の姿ではなくてアニメキャラのような外見で、それをオンライン上での自分の分身ということにしている人が一定数います。…［中略］…今お話した、オンライン上におけるその人の分身のことを「アバター」といいます。（菊池、2022：144）

このように述べた後、菊池はこのアバターを「人形もどき」と呼ぶ。そして、「われわれ自身がテクノロジーの力を借りて『人形もどき』になること、その『人形もどき』を通じて何が可能で、そのことが一体われわれに何をもたらすのか」を考察している（Ibid.）。

更に近年では、「バーチャル・ユーチューバー（Virtual YouTuber）」、「ブイチューバー（VTuber）」の台頭が目覚ましい。ＹｏｕＴｕｂｅ上で、ゲームの解説をしたり、時事的な社会問題を論じたり、学問的な基礎を教えたりと、ありとあらゆる領域で活躍しているアバターが無数に存在するのである。

アバターの他にも、近年、「インタラクティブ・トイ」と呼ばれる新たなおもちゃが多数発売されている。そのパイオニア的・草分け的存在は、１９９６年に登場した「たまごっち」であろう。たまごっちは、たまご型の小さな電子ゲーム機で、その小さな画面上にかわいいたまご型の「Tamago」が現れる。そのTamagoを育てていくのが、たまごっちである。たまごっちは、人間ではないので「人形」とは言えないが、それに近い存在ではある。

このインタラクティブ・トイは、現在、目覚ましい勢いで発展しており、双方向的なコミュニケーションが可能なおもちゃとして、子どもだけでなく、大人や高齢者もまた、この新型のおもちゃに夢中になっている(9)。

第5節　おもちゃは子どもたちに何を与えているか

遊んでいない子どもはもはや子どもではない
A child who does not play is not a child.
パブロ・ネルーダ

おもちゃと遊んでいる子どもは何を経験しているのか

これまで、「おもちゃとは何か」、「ぬいぐるみとは何か」、「人形とは何か」といったベーシックな問題についてあれこれと考えてきた。

ここで少し立ち止まり、第1章で挙げた「おもちゃと遊んでいる子どもは何を経験しているのか」という問いを思い出したい。

おもちゃの世界に没入して、その世界を生きている子どもたちは、そこで何を経験しているのか。また、そのおもちゃの経験から、子どもたちは何を学んでいるのか。われわれは、こうした子どもたちの経験を「遊び」と呼ぶことに慣れている。だが、「子どもがおもちゃと遊んでいる時、いったい彼らはその遊びにおいて何をしているのか」と問うと、どうなるだろうか。おそらく、多くの人がこの問いの前に、口をつぐむだろう。

たとえば、ミニカーやぬいぐるみで遊ぶ子どもがいたとしよう。ミニカーで遊ぶ子どもは、車の運転をしているわけではない。では何をしているのか。また、ぬいぐるみのクマで遊ぶ子は、本物の熊と遊んでいるわけではない——それは危険すぎる——。では、いったい何をしているのか。ミニカーを走らせて遊んでいる子どもは、将来、車に乗るための練習をしているのだろうか。ぬいぐるみのクマで遊ぶ子は、将来、実際の熊に遭遇した際の対応法を学んでいるのだろうか。おそらく、誰もが「それは違う」と直感的に思うだろう。

おもちゃによる代表的提示

この問いをおもちゃの側から考えると、「おもちゃはいったい子どもにいかなる経験を与えているのか」という問いになる。

ドイツの教育学者のクラウス・モレンハウアー（Klaus Mollenhauer）は、今ほどおもちゃを必要としなかった前近代と比べ、近代社会は、複雑で混沌としていて無秩序になっているとして、そこに秩序を与えるようなもの（遊具や教具）が必要になってきたという。

そうした、たとえば絵本やおもちゃなどを通じて子どもたちに指し示そうとするものの意味を「代表的提示（Repräsentation）」だと考えた。たとえば「神」「世界」「天空」「要素」「大地」「植物」「動物」「人間」「主たる職業」「家」「家の中」「交通」「知的交通」「修業」「社会形態」「都市」「遊び」「政治」「宗教」「最後の審判」が、代表的に提示しようとする世界の正しい秩序だが、これらは、複雑で無秩序な社会を生き抜くためのキーワードと考えてよいだろう。われわれは「職業選択」一つ取っても、簡単に選ぶことができないほど、複雑で混沌としていて無秩序な状況を生きている。そんな複雑で混沌とした世界には、その世界を生き抜くためのマップや見取り図が必要なのである。

代表的提示というのは、「私たちが世界とみなしているもののうち、子どもたちにとって指示する価値があり、有益だと私たちに思われるところのもの」のことであり、またその「代表的に指示されたものに対していかにふるまうか」という問題を示すキーワードとなるものだ。モレンハウアーは、この代表的提示について次のように語る。

子どもの要求や尊厳を傷つけず、これを尊重するような、強制なしに道徳的行為を可能にするような、したがって究極的には洞察に基礎を求められるような、子どもの精神的・心的活動や創造性を鼓舞するような、そして、生活形式のモデルそのものたりうる何かしらの社会形式を通じてここに述べたすべてを実現できるような、そのような生活形式を私はいかにつくり出すか。簡潔に表現すれば、教育学的に見て責任のとれる生活形式とはどのようなものであるか。正しい生活を、私たちは子どもたちに向けてどのように代表的に提示しなければならないのか。(Mollenhauer,1983=1987:87)

これは、一教育学者によるわれわれ大人への忠告文とも受け取れると思うが、おもちゃ遊びを考える際にも重要な問いが示されている。すなわち、「道徳的で正しい生活を可能にするために、私たちは子どもたちに何をいかにどのタイミングで提示するか」という問いである。それは同時に、子どもたちは、何を代表的なものとして選びとるのか、という問いにもなる。

たとえば、クマのぬいぐるみは、数ある「動物」から代表的に選び出され、指示されたぬいぐるみであるが、いったいなぜ「クマ」だったのか。先に見たように、ルーズベルト大統領がクマ狩りをしたからという物語はあったが、それが、子どもたちにクマが「ぬいぐるみの代表」として選ばれた唯一の理由ではないはずだ。当時の子どもたちにとって最も身近な動物であるクマだったからこそ、「動物」の代表として選ばれたともいえるが、それ以外の理由もあるようにも思う。モレンハウアーも、「何が写し取られるべきなのか、それが感性的に把握可能であるためにはいかに写し取られるべきなのか、そしてそれは、いかなる仕方で動機形成的に生起するべきなのか」と問うている（Ibid.:91）。

他方で、なぜ（マルガレーテを含む）大人たちは、クマの「ぬいぐるみ」を与えようとしてきたのか。なぜ、大人に与えられたぬいぐるみは、子どもたちに何を教え、何を伝えようとしているのか。ぬいぐるみを通じて、子どもたちは果たして無秩序な世界に秩序を見いだし、子ども自身の尊厳を傷つけることなく強制なしに道徳的な行為を可能にするような生活形式を学んでいるのだろうか。ぬいぐるみ遊びや人形遊びを通じて、子どもたちの精神性や創造性は鼓舞されているのだろうか。また、ぬいぐるみではない本物の「熊」を直接子どもに見せることは「提示」であるが、その「本物の熊」と「ぬいぐるみのクマ」とでは、子どもの経験において、いかなる違いがあるのだろうか――更には、本物の熊を知っているから、ぬいぐるみのクマを好むのか、それとも、ぬいぐるみのクマで遊んだから本物の熊を好むのか――。遊んでいる子どもの経験を理解しようとすると、こうした問いが次々に浮かんでくる。

代表的提示としての様々なもの

おもちゃというのは、ぬいぐるみや人形だけに限らず、そうしたわたしたちの世界を代表するようなものをあれこれと選び抜いてきた結果として作られるものが多いように思われる。たとえば『しろくまちゃんのほっとけーき』という人気絵本があるが、この作品で選び抜かれたのは、「ホットケーキ」であった。

このホットケーキは、ふわふわしていて、柔らかくて、丸くて、それでいて焼き上げるとそれなりにしっかりと固さのある食べ物だ。子どもの子どもらしさを象徴する「丸さ」と「やわらかさ」を兼ね備えた、まさに子どもの世界を代表する食べ物といえるだろう。子どもたちは、この絵本を何度も何度も繰り返し、親に「よんで！」「もっとよんで！」「もっかいよんで！」と迫ってくる。それだけ、ここに描かれているホットケーキには、中毒性があるのと同時に、子どもたちを惹き付ける何かがあるのだろう。その結果、大人は何度も繰り返しこの絵本を読まなければならなくなるし、子どもたちもそれを何度も繰り返し楽しむのである――そして、ホットケーキを食べたくなるのである！――。

また、たとえば「ブレーメンの音楽隊（Die Bremer Stadtmusikanten）」で代表的に選ばれたのは、年老いたロバと、同じ境遇にいたイヌとネコとニワトリだった。いったいなぜロバやイヌやネコやニワトリが選ばれたのか。単純に考えれば、（その当時の）「わたしたちの生活にとても身近な動物たちだったから」ということになるが、そこに代表的提示の意味がある。つまり、わたしたちが生きている世界をシンプルに提示してくれるからこそ、この四種の動物が選ばれたのだ、と。

提示されたものを拡大深化し再創造する力

人間の文化や文明にとってこれが代表的だと思われるものや形式を選び抜いて、それを子どもたちに提示するというのは、そもそもの教育の原点だった。教育は、そもそもこれまで人間が生み出してきた文化や知識を集め、まとめ、分類し、その中からもっとも代表的なもの（文化財）を「授業」という営みを通じて、子どもに伝えるという目的をもっている。俗にいう「文化の伝承」という目的である。

だが、限られた時間の中で、一斉授業というかたちで、網羅的・体系的にそれを行おうとすると、どうしても無理が生じてくる。というのも、子どもたち自身、それぞれ理解のスピードや理解するタイミングが異なっているからである。ある子どもは、先生の話を少し聴いただけで瞬時に提示されたものが何かを理解するが、別の子どもは、先生の話を聴いただけでは理解できず、数日経って、自分であれこれ考えたり、復習したりすることでようやく理解する。あるいは、最後まで何がなんだか分からないまま、忘却してしまう。

だが、文化や文明を伝承してくれるのは、何も学校の授業だけではない。子どもの世界に入り込むおもちゃこそ、一人ひとりの子どもに寄り添いながら、子どもたちに人間が生み出してきた文化的なものの存在を示し、それを通じて「世界」への理解や関心を深めさせてくれるのではないか。

孤高の教育者、斎藤喜博は『授業入門』の中で、授業についてこう述べている。

私は、教育という仕事は、「イデオロギー」とか「生活認識」とかいうことではなく、文化財を正確に子どもに獲得させ、それをさらに拡大深化し再創造する力を子どもにつけていくことだと思っています。そしてそれは、すべて「授業」によって実践されるのだと思っています。（斎藤、1960：299）

ここで言う「文化財」の中から代表的に選ばれたのが「おもちゃ」だと考えたい。そうすると、そのおもちゃと遊ぶことを通じて、子どもたちは、「文化財」を正確に獲得し、それを更に「拡大深化し再創造する力」を学ぶ、ということになる。斎藤は「授業によって」と書いているが、ここでは「遊びによって」と規定したい。子どもたちは、様々な遊びを通じて、この世界の文化や文明をありありと知り、そしてそれを再創造するのである。たとえば、砂場で遊ぶ幼児たちは、山や川やトンネルを作っては壊し、壊してはまた作る。何度も作り、作り変え、それを壊すことで、山も川もトンネルもより複雑なものになっていく。ブロックやフィギュアで遊ぶ幼児や小学生は、家や庭を作ってはそれを崩し、また違う家や庭を作り直し、より奥深く複雑な家や庭を再現するようになる。

おもちゃの家具や調理道具などは、人間が長い時間をかけて生み出してきた様々な道具を子どもたちに教えるだけでなく、実際にそれらを使って遊ぶことで、大人と同じように（いや、大人以上に）凝縮された日常生活を過ごし、そしてその生活世界を拡大深化させていくのであろう。

第6節　おもちゃの教育的意義に騙されるな
――「社会」に抗い「世界」を生き抜く力

ほんとうに、おもしろいことを、一生懸命やっている
その心の中に、人と比べる隙間はない

大村はま

子どもが賢くなるおもちゃへの欲望

おもちゃについて語ろうとすると、どうしてもその教育的な意義や効果についてあれこれと言いたくなる。私とて、「おもちゃと遊ぶ子は賢くなる」、「おもちゃと遊ぶことで手先が器用になる」、「おもちゃと遊ぶことで脳の動きが活性化される」などと言いたくなる。

2020年の終わり頃から、「非認知能力」や「非認知スキル」という言葉が流行し、いたるところで用いられた。とりわけ玩具メーカーや玩具製造会社は、「商品の売り上げ」が期待できるためか、非認知能力や非認知スキルの意義や効果を「科学的」に解説することを試みていた。

また、子を想う親――かつ経済的にある程度の余裕のある親――や孫を思う祖父母であればあるほど、「できるだけ賢くなるようなおもちゃを与えたい」と願い、賢くなりそうな高額のおもちゃを子や孫に与えて、できるだけ賢い子どもになってもらおうと思う。もちろんその賢さとは、来たる将来の学校での学び――ないしは受験勉強――に耐え得るものでなければならない。

そういう親たちの欲望を満たすような「知育玩具」や「学習玩具」も、おもちゃとしてあらゆる場所で販売されている。「ことば」「かず」「かたち」「え」といった教育的な知識や技術を遊びながら楽しく学ぶことのできそうなおもちゃは、親たちの「子どもを賢くしたい」という欲望に適っているし、その欲望が強ければ強いほど、より「学べるおもちゃ」を欲するようになる。

おもちゃの効力

では、おもちゃにはいったいどんな効力があるのだろうか。おもちゃと遊ぶことでどんなことが学ばれるのだろうか。

一般財団法人日本玩具文化財団の公式ホームページに、以下の四つのおもちゃの効力が記載されている(10)。

①五感、身体能力、巧緻性など身体の発育を促す。
②創造性、情緒性、そして忍耐力などの精神的な発達を促す。
③家族、友人間などの愛情・信頼の絆を深める。
④社会の仕組み、世の中の常識を感じ理解する。

これを読むと、「なるほど……」と思う部分もあるが、これまでの議論を考えると、果たしてこの四つがおもちゃの持つ効果なのだろうか、と疑問にも思う。この四つが、子どもがおもちゃと遊ぶことの意味や意義になるのだろうか。

世の大人たちは、何にしても、その意味や効果を考えたくなる誘惑に駆られる。ともおもちゃとなると、その教育的な意義や発達上の効果を強調したくなる。「このおもちゃは、五感や身体能力の向上につながります」と言うと、子をもつ親は、「じゃ、買ってみるか」となるし、「社会や世の中の常識やルールを学べます」というと、それを望む親は喜んでそのおもちゃを購入するだろう。

右の四つの効力の中で、おもちゃのもつ本来の力を台無しにしてしまいそうなのが、③の「愛情・信頼の絆」と、④の「世の中の常識」である。

日本人は、絆という言葉に弱い。「絆を深める」というと、なんとなく飛びつきたくなる衝動に駆られる。また、日本人は（「個人」よりも）「世間」を重んじているので、「社会」とか「世の中」の常識を感じ理解することができると言われると、そういう効果の大きいおもちゃを子どもに与えたくなる。

そうなると、遊ぶ子どもたちにとっては、「目的」でしかないおもちゃが、他者と共に生きる等、何か別の目的のための「手段」になってしまう。おもちゃは、ただ持ち遊ぶだけのものだったはずなのに、コミュニケーションツールになったり、社会や世の中の常識やルールを教えるための手段となったりするのである。

また、すでに何度も指摘しているように、遊びは、教育の手段（means）として利用されてきた。それは、海外でも同じである。

その一例として、日本の学習指導要領にあたるカナダの「カリキュラム指針」（ELECT）を見てみよう(11)。

原理5：遊びは、子どもの生まれもった好奇心と溢れる活力を、学ぶことに十分に活用できる手段である(12)。

とりわけ移民の子どもたちは、社会性を身につけるのが難しく、また言語能力も限られているため、遊びは保育の実践の重要な要素になる(13)。遊びは、自然な好奇心や高揚感を呼び起こし、社会的な相互作用（social interaction）を高め、言語の壁を破るという利点もある(14)。

「おもちゃ」や「遊具」といった言葉はないものの、ここでも、遊びは教育の手法・手段と考えられている。もちろん、移民の子どもたちにとって遊びが有効な手段の一つになることに異論はないが、遊びが別の何かのための「手段」として利用されることを、そのまま認めてしまってよいのだろうか。

たしかに、おもちゃや遊びにそれなりの「効力」はあるだろう。おもちゃ自体、効力が考えられている部分もある。だが、おもちゃや玩具は何か別の目的のために使われる手段なのだろうか。「大人にとって無意味であればあるほど、そのおもちゃはほんものである」というヴァルター・ベンヤミン（Walter Benjamin）の言葉を思い出すと、なんともいえない気持ちになる。

おもちゃが子どもに与えるものとはいったい何なのだろうか。

子どもの成長を導く最高の道具——ボーネルンドの精神

伝統的には、おもちゃをめぐっては、「売ればよい」という考えと、「子どもの成長や発達を導くものでなければならない」という考えの対立があった。日本玩具文化財団も、身体の発育や精神的な発達を促すことをおもちゃの価値と考えている。

子どもの成長や発達を導く道具をおもちゃと見なすキッズビジネス業界に、「ボーネルンド」がある。この会社の考える「おもちゃ観」は次のようなものだ。

わたしたちは、子どもが遊ぶ時に使う玩具を「成長に欠かすことのできない生活の道具」だと考えています。狭義の意味での〝オモチャ〟を含め、机、いす、草花や小枝、小石でさえも、自身をとりまくすべてのものが、子どもにとってはあそびを生み出す道具。その意味を込めて、オモチャではなく「あそび道具」と呼んでいます。

ボーネルンド創業当時の日本は、経済が最優先。子どものおもちゃも、成長に役立つかどうかより、売れるための見た目が重視されていました。一方、ヨーロッパでは「子どもは遊ばないと成長できない」として、当時から子どもの目線で作られたあそび道具が根付いていたのです。

ヨーロッパで出会ったような数多くの優れた道具を日本の子どもたちにも使ってほ

しい、日本の「おもちゃ」の概念を変えたい、その願いが出発点です。

子どもが健やかに成長し、自立した大人になるために。わたしたちボーネルンドは、「よいあそび道具」を世界中から選び抜いて提供しています。あそび道具は、使い手である子どもが主役となり、工夫次第で多様なあそびへと発展するものがよいと考えています。子どもがだましではなく、媚を売るものでもない。子どもが「したい」と思ったことを叶えてくれる多様な機能を持つもの。

よいあそび道具とは、よい学び道具であり、よい育ち道具だと考えています(15)。


ボーネルンドは、「成長に役立つかどうかより、売れるための見た目が重視されて」いた創業当時の日本のおもちゃ観に批判の目を向け、「日本のおもちゃの概念を変えたい」という願いをもっていたことが分かる。そして、マルガレーテと同じように「よいあそび道具」への追求を続けている。よい遊び道具とは、「よい学び道具」であり「よい育ち道具」だとボーネルンドは考える。

だが、実際のところ、よい遊び道具でよく学ぶこと、よく育つこととはどういうことなのだろうか。

享楽の種類	享楽の内容
①再生力の享楽（Die Genüsse der Reproduktionskraft）	飲食（Essen,Trinken）、消化（Verdauen）、休息（Ruhen）、睡眠（Schlafen）の享楽
②刺激感性の享楽（Die Genüsse der Irritabilität）	遊歴（Wanderung）、跳躍（Springen）、格闘（Ringen）、舞踏（Tanzen）、撃剣（Fechten）、乗馬（Reiten）、その他あらゆる種類の運動競技（athletischen Spielen）、狩猟（Jagd）、闘争（Kampf）、戦争（Krieg）
③精神的感受性の享楽（Die Genüsse der Sensibilität）	考察（Beschauen）、思惟（Denken）、鑑賞（Empfinden）、詩作（Dichten）、絵画彫刻（Bilden）、音楽（Musicieren）、学習（Lernen）、読書（Lesen）、瞑想（Meditieren）、発明（Erfinden）、哲学的思索（Philosophieren）などの享楽

表２　享楽の分類

おもちゃが育てる根本能力とは？

ここで、おもちゃが子どもに与えるであろう「楽しみ」、すなわち「享楽」について考えてみたい。

おもちゃは、子どもを楽しませてくれる。子どもに楽しみを与えてくれる。楽しむことで、子どもたちは「享楽」を経験し、「幸福な状態」になると思われるが、実際にはどうなのだろうか。

ドイツの思想家アウトゥル・ショーペンハウアー（Arthur Schopenhauer）は、『幸福について』の中で、人間を堕落させ疲れさせる様々な遊びや玩具（トランプ等のカードゲーム）について批判的に論じる中で、楽しみ（享楽）の根源となる「三つの生理学的な根本能力の無目的な遊び」について語っている。生きる人間の状態によって、この三つの種類の享楽がそのつど選びとられているともいう。

その三つの享楽は、表2のとおりである(16)。

古い書物の翻訳なので少し言い方が硬いが、なかなか鋭い指摘になっているように思われる。
①の享楽は、たとえば食べることや寝ることや休むことだ。これはたしかに「楽しいこと」だが、「遊び」とはいえないように思われる。むしろ、生命維持活動そのものである。
②の享楽は、感覚に訴えるような刺激的な享楽で、たとえばハイキングやスポーツやバトルゲームや遊園地のアトラクション等を楽しむことだ。これらは、どれも身体を使ったアクティビティー全般を示している。この中に闘争や戦争が入っているところも興味深い。
③の享楽は、誰か別の人間と共にではなく、ひとりであれこれ考えたり感じたりして楽しむ享楽、俗にいう「ひとり遊び」の楽しさと言えるだろう。孤高の思想家であるショーペンハウアーはおそらくこの③の享楽に最も高い価値を見ていただろう。また、享楽の中に「学ぶこと(Lernen)」や「哲学すること(philosophieren)」が入っているのも、彼ならではの分類のように思える。
遊びという観点でこの享楽、つまり「楽しさ」を考えると、②の刺激感性に訴える享楽

を実現するものが多いように思う。ふつうの感覚だと、おもちゃや遊具はどれも、子どもの感覚や感性を刺激するものだと考えるし、子どもに刺激が与えられれば与えられるほどよいものだと考えるはずである。

だが、ショーペンハウアーが最も重視したのは、③の精神的な感受性の楽しみだった。少し難しい言葉が並んでいるが、このことを、「つみき」や「ブロック」や「お人形」や「絵本」にひとりで集中して遊んでいる子どもたちを想像して考えてみよう。

ひとり遊びと孤独な思想家

「(ブロック遊びをしていて)うーん、これは違うなぁ」「(つみき遊びをしていて)これは、ここじゃなくてここだな」「(人形に対して)みーちゃん、今日はどこにおでかけしたい?」「(絵本を見つめて)うーん、ネロ、可哀そう」などとぶつぶつひとりでつぶやきながら、おもちゃや本と向き合う子どもたちは、あれこれと考えて、試しながら、感じながら、頭の中で、ひとりで考察し思索することを楽しんでいる。エマニュエル・レヴィナス(Emmauuel Lévinas)によれば、「みずからの『可能態』を想起する現実行動」こそが「享楽(jouissance)」であるが(Lévinas, 2005:217-218)、子どもたちは、遊びの中で、その世界の可能態を想起しながら、あれこれと働きかけているのだ。

ここで子どもたちが経験しているのは、単に「思考すること」や「対象を愛する（愛でる）こと」だけではなく、「ひとりで対象に没頭することを楽しむこと」ではないだろうか。ケアリングでいうところの「専心」や「専心没頭」にも通じるかもしれない。悲しい結末の絵本を読んで、しくしくと泣く子どもは、その絵本の物語の中に入り込んで、その世界を生きているからこそ、涙を流すのである。その世界に入り込めない退屈な大人は、決して絵本を読んで泣くことはない。

ショーペンハウアーは、なによりも社交界を嫌い、孤独を愛する思想家だった。孤独の中であれこれと考えたり、迷ったり、揺らいだり、苦悩することを誰よりも好んだ。

そんな彼は、精神的（知的）な欲望をもたない「俗物（Philister）」について、こう語っている。

> 俗物にとっての現実の享楽は官能的な享楽だけである。…［中略］…牡蠣にシャンペンといったところが人生の花で、肉体的な快楽に寄与するものなら何でも手に入れるということが、人生の目的なのだ。…［中略］…俗物は精神的な欲望をもたず、肉体的な欲望だけをもっているから、その求める相手も、精神的な欲望を満足させてくれる人でなく、肉体的な欲望を叶えてくれる人である(17)。（Schopenhauer, 1913=1958）

こう指摘した上で、ショーペンハウアーはそうした俗物の集まる社交界について、「この世でいちばん悪いものは何といっても社交界だ」、「くだらぬ人間は皆気の毒なくらいに社交好きだ」と言い切り、その社交界で用いられる「カードゲーム（Kartenspiels）」を心から嫌悪していることを打ち明け、こう語る。

全く自分自身のあり方に生きていて差し支えないのは、独りでいる間だけである。だから、孤独を愛さない者は、自由をも愛さない者というべきだ。というのは、人は独りでいる間だけが自由だからである。…［中略］…機知に溢れる人たちを前にしたとき以外は控えるがよい。普通の社交界では、機知に溢れる弁舌や着想は、機知のはきらわれる。…［中略］…普通の社交界で人の気に入るには、どうしても平凡で頭の悪い人間であることが必要なのだ。（Ibid.）

このことは、学びや育ち（発達や成長）がどこに向かうものかを示唆している。おもちゃを通じて、社交界で俗物的に生きる方向へと成長するのか、それとも、社交界を離れて自分自身の世界を生きる方向へと成長するのか。つまり、社会への成長か、世界への成長かである。この問題は、第3章で再度考えることになるが、おもちゃ遊びを考える際にも、「ひとりで遊ぶおもちゃ」と「みんなで遊ぶおもちゃ」を切り分けて考えると、より色々と見えてくるのではないだろうか。

「社会」に抗い「世界」を生き抜く力を与えるおもちゃ

どんぐりであろうと、貝殻であろうと、金づちであろうと、ペンチであろうと、ぬいぐるみであろうと、ブロックであろうと、どんなおもちゃであれ、そのおもちゃに心奪われている子どもは、俗的な社交界を離れ、くだらぬ人間のいない遊戯の世界に没入している。そこに何の意味があるのかは、おそらくその本人にも分からないはずだ。ただ、わずらわしい日常世界とは異なる世界に入り込んでいることは間違いない。それを、大人の勝手な思い込みで、その遊びの意味をむやみに俗的・通俗的に規定すべきでないだろう。

どんぐりや貝殻が何を教えてくれるのか、ぬいぐるみや人形が何を語りかけているのか。それはきっと子ども本人にしか分からないだろうし、きっと何年か経てば、その内容もすべて忘れ去られることになる。遊んだという事実は忘れないかもしれないが、その時にどんなことが生じていたのかについての記憶はきれいに消えて無くなるのである。

だが、おもちゃと過ごしたその時間が、この世界の素晴らしさやこの世界の奥深さを教えてくれるはずだ。貝殻を耳にあてて、その中から聞こえてくるあの深淵な音世界に、子どもたちは吸い寄せられ、そして、その音の先にある世界を想像する。その世界は架空の世界か、それとも現実の世界か、それも分からない。ただし、その時、貝殻が、くだらぬ人間たちの社交界のルールや世俗的な常識など、子どもに教えるわけなどないだろう。きっとショーペンハウアーならそう言うはずだ。

ここで、大村はまの言葉を思い出したい。「ほんとうに、おもしろいことを、一生懸命やっている、その心の中に、人と比べる隙間はない」（大村、1996 : 190）。そう、おもちゃに専心没頭して一生懸命遊んでいる時、その子どもには人と比べる隙間などないのだ。「人と比べて、どうするかといった、魅力を生む泉から遠いようなことが起こってくる隙間がない」（Ibid.）。そう考えると、他人と比べてあれやこれやとぶつぶつと言っている人は、実に「くだらない俗物」なのだ。

おもちゃと遊ぶことを通して、またひとり遊びを通じて子どもたちが学ぶのは、うわべだけの他者との絆をつくることでもないし、社会の仕組みや世の中の常識やルールを学ぶことでもないはずだ。そもそも、遊びとは、そうした社会や世の中や一般常識から離れることをいうのではなかったか。子どもの権利を世界に広めたエレン・ケイ（Ellen Key）は、『児童の世紀』の中で、こう述べている。「教育者は子どもに、『ほかのみんながやる』ことの模倣は決してしないように助言しなければならない。教育者は、子どもにわが道をゆく傾向を見た場合は、むしろ喜ぶべきである」、と（Key, 1900=1979 : 151）。ケイも、ショーペンハウアーと同様、俗物的な社交界を嫌悪し、ひとりで遊ぶことの意味を捉えていた。

遊びも、また本来的には教育も、社会の中で他者と上手に生きていくために行われるのではなく、わが道やわが世界を歩むために行われるべきものであり、それこそが、遊びを通じて得られることなのではないだろうか。

今、小さな公園の片隅で、きれいなかたちをした石を並べて、ひとりほほえんで、満足そうにしている子どもの姿が、私の目に映っている。そして、私はそれを喜んでいる。

„Das Glück ist keine leichte Sache :
es ist sehr schwer, es in uns,
und unmöglich, es anderswo zu finden.“
（Nicolas Chamfort）

第7節　なぜガチャガチャやクレーンゲームは愛され続けるのか？
――賭けと遊び

きみはおもちゃが好きか？

富山栄市郎

ガチャガチャとは何か

子どもたちが大好きなものの一つに、「ガチャガチャ」がある。ガチャガチャは、カプセルトイがたくさん入った小型の自動販売機で、コインを入れてレバーを回したり押したりするとそのカプセルトイの一つが落ちてくる仕組みになっている。そのレバーを回す音が「ガチャ、ガチャ」と鳴るので、「ガチャガチャ」と言われるようになった。また、「ガチャポン」や「ガチャ」や「ガシャポン（バンダイ）」「ガシャ」などと言ったりもする。

コラムニストの味志和彦によると、ガチャガチャは1960年代にアメリカから日本に伝わったものだと分かる。

ガチャガチャはもともと、ガムやキャンディを販売する機械として、1960年代にアメリカから輸入されました。コインを入れ、レバーを回すことで、球体のガムやキャンディが出てくるというシンプルな構造は現在も変わりませんが、全国に普及するにつれ、球体のカプセルの中に玩具を入れるという発展を遂げていくようになります。

最も爆発的な人気を呼んだのが、漫画「キン肉マン」の人気キャラクターを象った消しゴムをカプセルの中に入れた「キンケシ」人形です。1983年から発売されたこのキンケシは社会的な大ブームとなり、現在まで累計1億8000万個販売されたといいます。こうしたブームの中で、ガチャガチャは日本文化の中に着実に根を下ろしました(18)。

株式会社ビームの花岡正幸によれば、ガチャガチャ市場は「約400億円規模」で、新商品は「毎月約30社のメーカーから約250種類」も出ているという(19)。またかつては10円玉〜100円玉一つ二つでガチャガチャを楽しむことができたが、今は「1回200〜300円が主流」だという。

更にYouTuberらの影響もあり、1000円ガチャや2000円ガチャ、

5000円ガチャといった高額のガチャガチャも出てきている。

たとえば、格安航空会社のピーチ・アビエーションは2021年8月、大阪心斎橋に「旅くじガチャ」を設置して話題となった。5000円でガチャガチャをすると、行き先が指定された航空券を入手することができる。旅の目的地をガチャガチャに決めてもらうというユニークな発想で、2022年1月の時点で1万5000個も販売されたという(20)。この旅くじガチャを企画した小笹俊太郎は次のように語っている。

「旅くじのコンセプトは『福袋』です。福袋には、安くて服がたくさん入っているお得感重視のものと、お得感はそこそこで、自分で選んでない服との偶然の出合いを楽しむワクワク感重視のものがあります。『旅くじ』は後者のバランスを大きく取って設計しました」、と(21)。

日本でかつてから人気の高かったガチャガチャに福袋の要素を取り込み、それを「航空券」という前代未聞の「商品」をカプセルに入れたことで、功を奏したと言えるだろう。小笹の言う「偶然の出合いを楽しむワクワク感」こそ、ガチャガチャの楽しさの醍醐味と言えるだろう。

何が出てくるか分からないワクワク感――「もの」と「こと」

では、ガチャガチャの楽しさの醍醐味となる「偶然の出合いを楽しむワクワク感」というのは何なのだろうか。

ガチャガチャは、硬貨を投入し、レバーをガチャガチャと回して、カプセルトイが落ちてくる瞬間に高揚感を覚える。そして、何がその中に入っているのかを想像しながら、カプセルを開ける瞬間こそ、そのワクワク感の絶頂となる。だいたいは期待していたものは出て来ず、「あーあ」と言ってがっかりするが、次の瞬間、「次こそは！」と、更にガチャガチャをしたい欲望に駆られる。

小笹は、旅くじガチャのことを「福袋」と呼んでいたが、福袋を購入することを楽しむ人は多い。福袋もまた、その中に何が入っているか分からないことを楽しむものであり、偶然の出合いを楽しむワクワク感を売りにした商品といえる。ゆえに、何か特定の欲しい「もの」を買うのではなく、何が出てくるのか分からないという経験を、つまり「こと」を買うのである。

ガチャガチャの魅力は、そのカプセルの中に入っているおもちゃにではなく、何が出てくるか分からないワクワク感にあると言えるだろう。もちろん何でもよいわけではなく、自分が好きなアニメや映画やキャラクターといったカテゴリーはあり、その中で欲しいものを得たいという欲求を刺激するものとなっている。
ガチャガチャの売れ行きは、まさにそうした欲求を刺激するアニメや映画が登場するか否かによって変わってくる。

2019年度のガチャガチャ市場規模は　上代販売価格で380億円~400億円、下代卸価格で190億円だと考えられます。ガチャガチャの売上は設置店拡大にともない微増ながら伸びています。ガチャガチャ業界はキャラクターのヒットに売上増が左右されます。2014年の319億円まで市場が伸びたのは「妖怪ウォッチ」の大ヒットです。コロナの中「鬼滅の刃」がヒットしたことでガチャガチャ業界は救われました(22)。

このように、妖怪ウォッチや鬼滅の刃など、マンガやアニメが大ヒットすることで、ガチャガチャの売り上げが伸びるのが、ガチャガチャ業界の特徴となっている。
ガチャガチャは、無秩序にすべてが詰め込まれているわけではなく、カテゴリーごとに区分されている。ガチャガチャで遊ぶ子どもたち（あるいは大人たち）は、自分が好きなカテゴリーのカプセルトイの入っているガチャガチャに硬貨を入れて、レバーを回すのである。ゆえに、無秩序ではなく、むしろきちんと秩序立っている。ただし、自分が好きなカテゴリー、たとえば妖怪ウォッチや鬼滅の刃の中の誰のどんな商品が入っているかは、カプセルを開けてみるまで分からない。

ガチャガチャとおみくじ

このガチャガチャに象徴されるように、人は「何が出てくるか分からないもの」に魅了される。福袋も基本的には同じ原理で、その中に何が入っているか分からないドキドキ感を楽しむ袋である。

その際に、常に意識されているのが、「あたり」か「はずれ」かである。カプセルトイを開けるとき、自分が欲しい商品や自分が好きなキャラクターの商品が出れば「あたり」であり、自分には興味がない、自分の好きなキャラクターではない商品が出れば「はずれ」となる。このあたりとはずれの「賭け」の要素もまた、このガチャガチャの魅力ともいえる。そのすべては「運」である。あたればラッキーで、はずれればアンラッキーだ。

そう考えると、ガチャガチャは「おみくじ」にも似ている。おみくじは、「大吉」から「大凶」まであり、大吉が出れば、人は喜び、大凶が出れば、人はがっかりする。標準的には「大吉・中吉・吉・小吉・半吉・末吉・末小吉・凶・大凶」などに区分されている。年始の日本人の熱狂を見ると、幸せや幸福は自分の手でつかみ取るものではなく、あたるかはずれるかのどちらかであるというのが、日本人の幸福感のベースにあるのかもしれない。

おみくじを漢字で書くと、「御神籤」「御御籤」となる。「籤」という語は、「セン」「くじ」「ひご」「くし」などと発音されている。籤は古来、「神意をうかがうもの」であり、その敬意を示すために「御籤」「神籤」となり、更にそこに接頭辞「御」が付いて、「おみくじ」と呼ばれるようになった。

当然ながら、おみくじを引く人は、どんな結果が示されるのかを知らないし、何が出てくるのかも分からない。大吉が出るかもしれないし、大凶が出てくるかもしれない。そんな何が出てくるか分からないドキドキ感を楽しんでいるのである。もちろん遊ぶ人は、「おみくじ」というカテゴリーの中でそれを遊んでいるので、望んでいるのは「大吉」であり、最も望んでいないのは「大凶」である。大吉が出た瞬間のあの高揚感は、まさにガチャガチャで意中のものが出てきた時の興奮にとても近いものだということは、経験的にも分かることだろう。

おみくじに似たものとして、「あみだくじ」が挙げられる。あみだくじは、文字通り「阿弥陀籤」である。阿弥陀は、阿弥陀如来のことで、極楽浄土から衆生を救済する仏である。その阿弥陀の御籤があみだくじであり、これもまた「何があたるか分からないこと」を可能にするくじとなっている。

賭け事と運だめし

このようにガチャガチャやおみくじについて考えてみると、これまで論じてきた「おもちゃ」とは明らかに違う性質のものだと思えてくる。

ぬいぐるみや人形といった「持って遊ぶもの」、「もちゃそび」とは全く異なるタイプの遊びの形態と言えるだろう。もちろんカプセルトイに入っているおもちゃ（玩具）自体は、持って遊ぶものだが、「持つこと」を遊んでいるのではなく、「何が出てくるか分からないドキドキ感」を遊んでいるのである。それは畢竟、「運だめし」を遊んでいると言いたくなる。日本人が大好きな「宝くじ」もまた、一攫千金を狙った運だめしと言えるだろう。

ガチャガチャとレバーを回している瞬間、子どもたちは、「自分が欲しいものよ、出てこい！」「お願い、出てきて！」と心の中で叫んでいる。その想いは、おみくじを引く時に、「大吉よ、出てきてくれ！」と願う気持ちと同じものであろう。もし「ものそのもの」が欲しいなら、ガチャガチャではなく、おもちゃ屋や玩具店などに行って、そのものそれを購入すればよいはずである。しかし、ガチャガチャを遊ぶ子どもたちは、そのもの自体というよりは、お目当てのものが出てくるか出てこないかを遊び、それを楽しんでいるのである。

そう考えると、このガチャガチャは、「賭け事」に近いものなのではないか、と思えてくる。あたれば一攫千金、はずれれば一文無し。パチンコにしても、宝くじにしても、競馬や競輪にしても、日本では禁じられているカジノや賭博にしても、すべて「結果がどうなるか分からないドキドキ感」を味わっていると言えるのではないか、と。

日本には、海外の人が驚くほどパチンコ店が多い。パチンコに夢中になっている大人たちはいったい何を楽しんでいるのか。その多くの人たちが、あたりの台で大量のパチンコ玉を得ることを望んでいる。玉を大量に得ることができれば、それを金品に換えることができる。ただし、パチンコを遊ぶ人たちは、金品が欲しいだけでパチンコをしているわけではない。むしろ「玉をゲットできるか否か」を楽しむために、パチンコ台に向かうのである。

ラスベガスのような華やかな繁華街に行けば、世界中の人々がこの「賭け」を楽しんでいる。一夜にして巨万の富を得る人がいる一方で、一夜にしてすべての財を失う人もいる。そうした運だめしは、日々世界中で行われており、結果がどうなるか分からないドキドキ感を今も多くの人が楽しんでいるのだろう。

第8節　ものを集めることの楽しさとは何なのか
——Otaku, Geek, Freak, Mania……

快楽は、各人にとっての「生きる」ということを
究極的に完璧たらしめるものなのだ
アリストテレス

収集する人たち

私はかなりのコレクターだ。収集することそれ自体を楽しんでいる。

中学生の頃から買い集め始めたＣＤは、もう数えきれないが、１万枚くらいは持っている。膨大に集められたＣＤの棚を毎朝眺め、「ああ、いいなぁ」と思い、職場に向かう。音楽も好きだが、綺麗に並べられたＣＤの棚を眺める時が一番の幸せな瞬間だ。傷だらけで再生できないＣＤもある。だが、聴けるか聴けないかは問題ではない。ＣＤラックにそのＣＤが並んでいるかどうかが問題なのだ。「あること」が重要であり、きれいにずらりと「並んでいること」が大事なのである。この意味では、前述した「こと」を遊ぶガチャ

ガチャとは違い、「もの」を集めることを遊んでいるのが、コレクターの遊びと言えるだろう。

それから、私は度を超えたラーメンフリークでもある。1999年頃からラーメンの食べ歩きを開始し、2005年からラーメンブロガーとして、ほぼ毎日ラーメンの記事を書いている。「一日一麵以上」という課題を自分に課し、これまでの17年間、ほぼ毎日ラーメンを食べて、そのレポをブログで書き続けている。

その際に重要なのが、食べたラーメンの「画像」である。この画像を集めるために、毎日ラーメンを食べているといっても過言ではない。これまでの20年以上の食べ歩きで、1万杯くらいのラーメンの画像を集めることができた。画像自体が重要なわけではない。そうではなく、これだけのラーメンを食べたという「記録」があることに意味がある。ラーメンを食べることではなく、ラーメンの情報を収集することに楽しみを感じているのだ。ここでも、「ラーメンを食べる経験」ではなく、「ラーメンのデータ」という「もの」を集めることが遊びの内容になっている。

このように、何かを収集して、それをただ喜ぶというこだわりの人生を生きる人々がいる。日本語では、そういう人を「オタク（ヲタク）」「マニア」「フリーク」「コレクター」と呼び、英語圏では、「Geek」「Freak」「Mania」等と呼ぶ。中国語では、「御宅族」「宅」

「収集家」「収蔵家」と呼ぶ。韓国では、日本語と同じく「오타쿠」と表記するが、それが訛って「오덕후」（オドック）と言われるようになった。このように、世界中に、ものを集めることや特定のものに執着することを喜びや生きがいにしている人たちがいる。

オタクとマニアと……

かつて「おたく」「オタク」「ヲタク」というと、かの宮崎勤死刑囚のこともあり、とても嫌がられる存在だった。また、当時のオタクの象徴的存在だった宅八郎の影響もあり、「気持ち悪くて、近寄りがたい存在（主に男性）」として見なされていた。

だが、今やそういった偏見やバイアスもなくなり、また男女の垣根もなくなり、日常的な言葉となり、何かに熱中して特定のカルチャーに精通して、そのカルチャーの情報を徹底的に収集している人たちという認識になった。

オタクやマニアのことを、英語では「Nerd」「Geek」「Freak」「Maniac」と呼んでいる。その意味内容はそれぞれ少し違う。

表3のように英語でオタクやマニアを考えると、あまりよい意味では使われていないことが分かる。特にフリークやマニア・マニアックという言葉は、侮辱的な意味が強いので、特定の人物には使うべきではないと考えられている。マニアックは、精神医学的な意味も

英語	意味	日本語訳
Nerd	①社会性のない専門バカ（主にゲーム、数学、芸術） ②バカ、まぬけ、低能 ③がり勉野郎	おたく
Geek (Geekazoid)	①変人・変わり者・バカ・薄のろ ②ある分野（主にゲーム）のマニア・おたく ③コンピュータやネットの専門家 ④見世物師（主にグロテスクな芸）	おたく／ヲタク 〇〇バカ
Freak (frec)	①変人・変わり者・奇人 ②［好ましくない対象への］熱狂的愛好家 ③奇形・変種 ④薬中毒者 ⑤ヒッピー	フリーク
Maniac	①マニア・熱狂的愛好家 ②凶暴な人・手のつけられない人 ③［精神医学］躁状態の人	マニア （侮辱的） 狂人

表3　オタクの分類

あり、日本の「マニア」とはかなり違う言葉になっている。

ゆえに、日本のオタク・ヲタクに憧れる海外の人たちは、そのまま「Otaku」という言葉を使っている。Otakuには、他国語では表現しきれないニュアンスがあり、アニメやゲームなど、サブカルチャーにどっぷり熱中している人のことを意味する。ここでは、否定的なニュアンスは弱く、むしろ、肯定的で積極的な意味合いを持っている。そういう意味で、おたくと呼ばれる人たちは、「遊ぶ人間」を言い表す世界化された言葉と言えるだろう。

Otaku（オタク）is often translated as a nerd or geek in English, but it originally refers to people who love Japanese pop culture such as Anime and Manga (comic books). Now it is generally considered that this word exclusively applies to those who have a strong interest or are obsessed with particular things. So there are several types of otaku, for example, anime/manga/game otaku, idol otaku and history otaku.[23]

日本語のおたくにせよ、外国語としてのOtakuにしても、彼らは何かを収集したり、買い揃えたりすることを望んでいる。彼らの部屋に行けば、特定のアニメやキャラクターや登場人物のグッズやアイテムがずらりと並んでいる。中には、部屋の中に納まりきらず、貸倉庫を利用している人もいる。

　こうした「収集」「コレクト」は、遊びと言えるのか。遊びでないなら、いったい彼らは何をしているのか。また、その収集されたものは「おもちゃ」と呼んでよいのか。もしそれがおもちゃでないなら、その集められたものはいったい何なのか。

収集される「もの」と生きがいについて

そもそもおもちゃに限らず、「集めること」は、好奇心に基づく人間の知的な営みであった。ドイツ語で「学問」を意味する「Wissenschaft」は、「知の集合体」という意味であり、ありとあらゆる知（知識や文化）を集めたもののことを指している。英米圏の「Science」よりもより広い意味を有しており、ドイツ語圏（あるいは欧州圏）では、ありとあらゆるものを集めることに、学問の意義を見いだしていた。

古代ギリシャのアリストテレスもまた、生粋のコレクター気質の哲学者で、世界中から自然物を集めて、博物館の原型を築き上げた。図書館もまた、この世界のありとあらゆる本を集めた場であり、集めることそのものを目的とした施設となっている。集めることは、単なる楽しみでもあるが、それに留まらず、「探求すること」や「学問すること」でもあるのである。

それ以前に、「集めること」で快楽を得る人は、それだけで幸福だと言えるだろう。オタクやマニアは、特定のものを集めることのために生きている。その収集のためであれば、いかなる犠牲も厭わない。（人間の基本的欲求ではなく）その特定のものを集めるために、生きているのだ。そういう意味では、「生きがい」にもなっている。何を生きがいにすべきかは人それぞれであるが、どんな対象であれ、生きがいとなる特定のものを持っている人は、幸福な生を全うしていると言えるだろう。

第9節　マンガはおもちゃと言えるか？

漫画の精神は本来、「遊び」と「諷刺」の要素から成り立っている

清水勲

マンガ王国日本

小学生になると、子どもは文字を覚え、読むことができるようになる。そうなると、次第に子どもたちは、「マンガ（漫画）」の世界に入り込んでいく。

まずは、それ以前に慣れ親しんでいたアニメや映画の原作マンガを手に取ることが多い。不動の人気マンガは、やはり「ドラえもん」だろうか。幼児期にドラえもんのアニメや動画を見て、小学生になってマンガに移っていくケースが多いように思われる。２０２２年10月の時点においても、『コロコロコミック』で「ドラえもん」は連載中である。

世の親たちは、最初の数日こそ、「子どもがマンガを読んでいる！」と歓喜の声を上げるが、その後、徐々に不機嫌になっていく。「マンガばかり読んでいないで！」「宿題を

してから、マンガを読みなさい」「マンガばかりじゃなくて、少しは文字の本を読みなさい」など、マンガを悪者扱いするようになり、毛嫌いするようになっていく。当の親からすれば、マンガは、勉強や宿題と相対するもので、子どもを堕落させるものなのだろう。無論、「マンガばかり読まないで」という言葉は、マンガを完全否定しているわけではないが、マンガばかり読んでいる子を見ていると親として心配になるという意味では、否定的な要素をマンガは有していると言えるだろう。

そんな焦る親たちのことなどお構いなしに、子どもたちはどんどんマンガの世界に没頭していく。一度マンガの世界に魅せられた子どもは、その深い世界に沈み込んでいく。

マンガ王国日本では、一年間に新たに発行されるマンガの数（発売本数）は、1万冊（つまり1万種類）を超える。単純計算で1日に27冊以上の新刊が発売されていることになる。町の本屋さんに行けば、棚の半分以上がマンガで占められている。

出版科学研究所によると、2021年のコミック市場全体は（2年連続最高の）6759億円となっている。コミック誌の売り上げは（過去25年間）下がり続けるものの、コミックス（本）の売り上げは横ばいで、電子コミックの売り上げが2014年以降急増している。

次頁のグラフを見ると、95年以降、規模縮小となっていたコミック市場が、電子コミックの誕生と共に、急激なV字回復するだけでなく、過去最高の水準となっていることが分かる。全書籍の市場規模は1兆5400億円くらいなので、3分の1がコミック市場だということになる。

では、世界規模で考えると、どうだろうか。国土交通省の見解によると、次のように考えられている。

海外各国のメディアコンテンツ市場については、世界全体の市場規模は約120兆円といわれ、そのうちアメリカが半分に迫る約50兆円、日本は約10％の12・8兆円とされている。日本のアニメ・マンガの愛好度・認知度は、おおむねメディアコンテンツ市場の規模に比例すると考えられ、またそれを日本への観光訪問の動機付けとする度合いは、これまでの日本への観光訪問者数と相関すると考えられる(24)。

世界のメディアコンテンツという観点から見ると、日本のメディアの市場は10兆円を超えることが分かる。国内市場とは全く異なる規模の大きさだ。とはいえ、その10兆円の中に占めるマンガの市場は、講談社国際ライツ事業部の森本達也によると、せいぜい1000億円程度だという(25)。マンガ市場で考えると、まだまだ国内が強い。

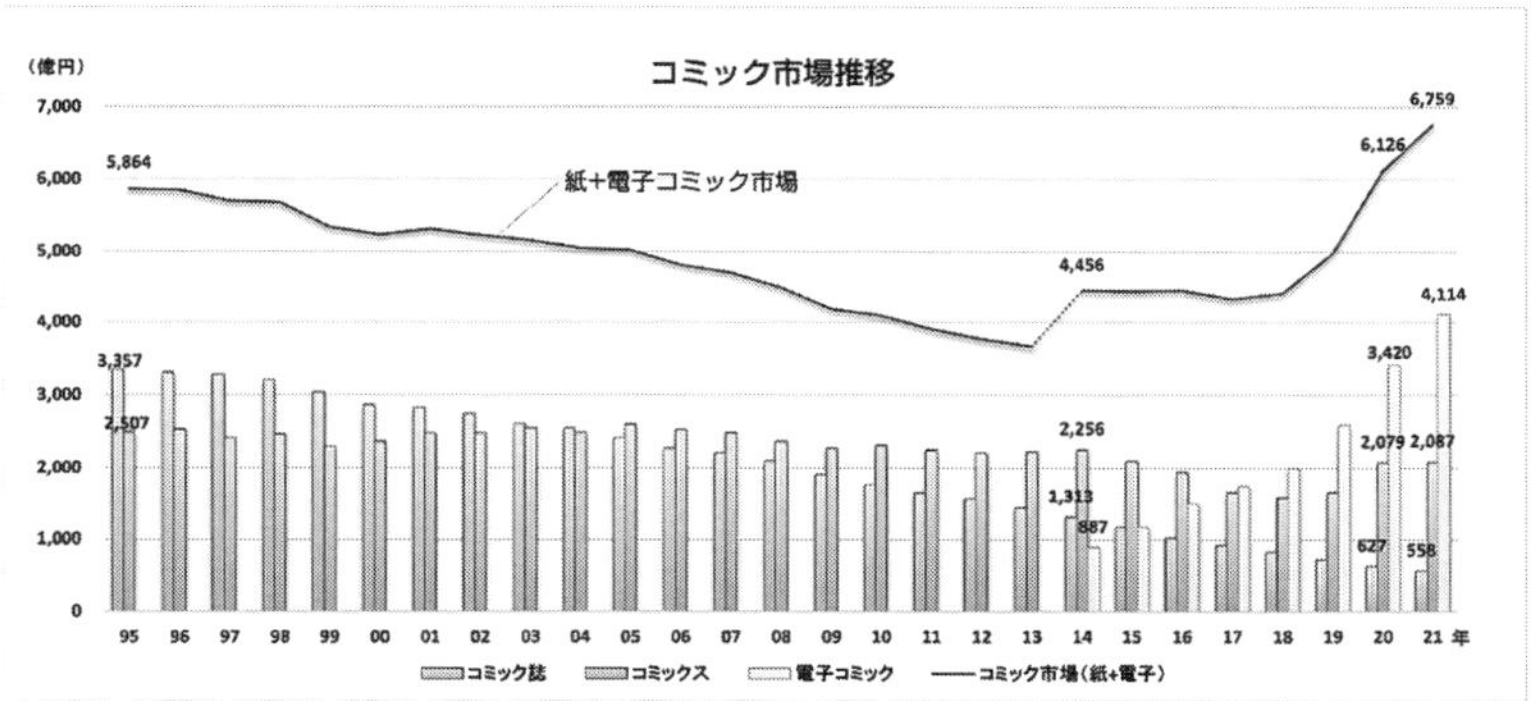

図２　引用元：https://shuppankagaku.com/statistics/comic/

とはいえ、マンガは今や、日本を誇る世界規模のポップカルチャーであり、メインストリームであり、日本の経済を支える重要な文化産業となっている。ゆえに政府もマンガ文化を含む「ポップカルチャー」を国家戦略の一つ（「クールジャパン戦略」）として活用しようとしているのだ(26)。

マンガの起源

マンガの起源は、マンガ研究もすでに膨大にあり、ここで語り切れる話ではない。マンガは「絵」と「文字」で構成されており、絵画や文学の歴史の中から徐々に生まれてきたものであるとすると、その起源を定めるのは不可能であろう。

マンガ研究では、１８３０年～１８４４年の天保期に書かれた「北斎漫画」、「道外武者・御代の若餅」といった「諷刺画」が「漫画」の起源とされている(27)。

「漫画」は、「漫筆」の絵画版と捉えることができる。漫筆とは、「思いのままに、とりとめもなく書き記すこと」であり、北斎のいう「漫画」は、今の時代に読まれているマンガとは全く異なるものだ、と推測できる。「漫」には、「気軽な」「滑稽な」という意味がある。

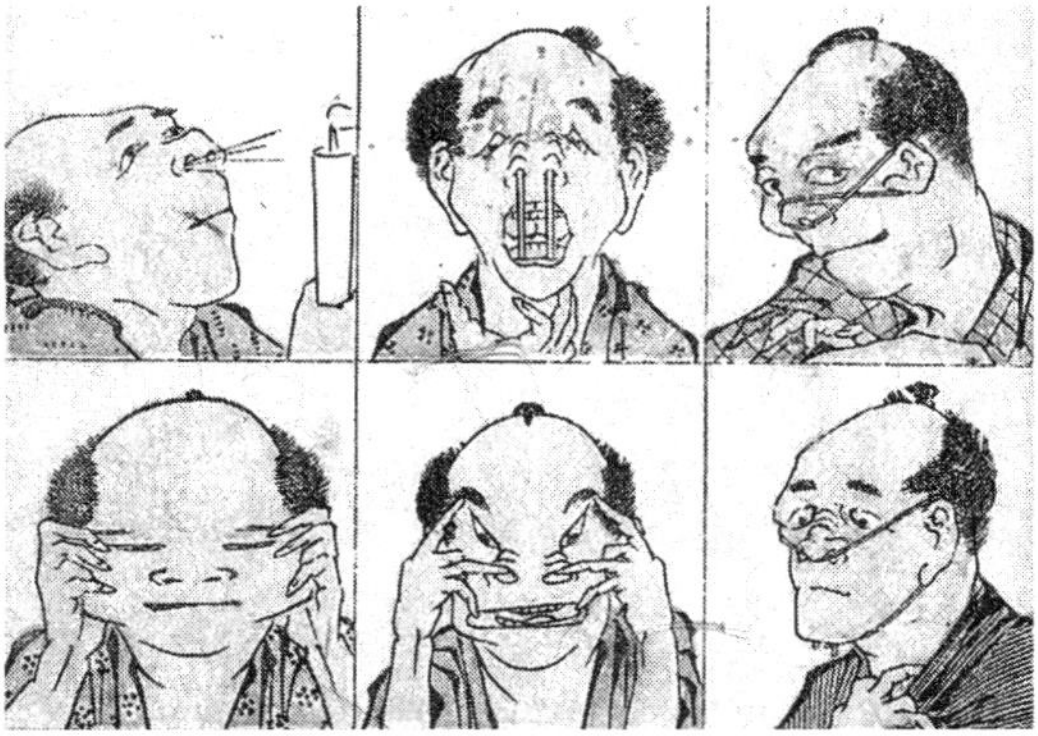
スミソニアン協会図書館蔵／メトロポリタン美術館蔵

明治末期に「北沢楽天」という日本初の「漫画師」が登場し、マンガを描くプロが誕生する。彼は、「ポンチ絵」や「ザレ絵」を取り込み、「漫画」を描いたことから、「近代漫画の父」とも呼ばれている(28)。戦後に大活躍する手塚治虫も、彼の「漫画」を好んで読んでいたそうだ。

大正期には、「岡本一平」が「漫画子」と称し、「漫画漫文スタイルの報道漫画」を描いて人気を博した（清水、1991：15）。

とはいえ、明治～大正の時代には、まだ今みたいにマンガが日本の一般の人々にまで行き届いていたわけではなかった。また、マンガ史的には、マンガ黎明期のマンガは、子ども向けに描かれたものではなく、「大人向け」に描かれたものだった。大正から昭和にかけて、「子ども向け」のマンガが徐々に描かれるようになる。

大正時代には、たとえば『正チャンのぼうけん』（織田小星：作、樺島勝一：画）や『のんきな父さん』（麻生豊）など、四コママンガが誕生する。

「正チャンのぼうけん」は外国マンガの影響を受けて構想された。当時、イギリスの新聞『デイリー・ミラー』にオースチン・ペイン作「ピップ、スキーク・ウィルフレッド」が連載され、好評を博していた。『アサヒグラフ』の編集長・鈴木文史朗はこのマンガを見て、とりわけペンギンのキャラクターが気に入り、ペンギンをリスに変えて主人公の子どものお供をさせるストーリーを織田に提案する。これが一つのきっかけとなり、作品が誕生した（澤村、2020：48）

この澤村の指摘から、日本のマンガは、日本国内で自然発生的に生まれたものというよりはむしろ、海外のマンガの影響を強く受けており、その海外のマンガと日本の「（北斎等の言う）漫画」が融合するかたちで生まれてきたと考えるべきだろう。ゆえに、清水も、「江戸漫画のスタイルと西洋漫画のスタイルが合体して出来上がってきたのが、日本の近代漫画である」と言うのである（清水、1991 :57）。その上で、彼はこう語っている。

今日のわれわれは戯画・諷刺画の類いを「漫画」と称している。「マンガ」「まんが」と書くこともある。だが、この言葉が大衆の間に定着したのは、昭和に入ってからのことである。その意味では、〝昭和語〟と言ってもよい。大正時代の人々で、日常「漫画」という言葉を使ったのは、まだ特殊な人々であろう。多分、マスコミ・出版関係の人々であったはずである。「漫画家」「漫画雑誌」「漫画本」といった言葉も、そうした人々の間で使われ始めていたにすぎない。（Ibid.）

昭和に入り、マンガは広く一般に、そして子どもたちにまで広まっていく。昭和初期のマンガと言えば、やはり田河水泡の『のらくろ』であろう。のらくろは、年少向けマンガ雑誌『少年倶楽部』に1931年から連載開始されたマンガで、その後10年間にわたって連載された。

戦後の子ども向けのマンガとしては、1946年の『サザエさん』が挙げられよう。同年、マンガ界の巨人、手塚治虫が『マアチャンの日記帳』を「少国民新聞」（現在の毎日小学生新聞）に連載開始する。ということは、もうすでに戦前～戦時中から子ども向けのマンガは描かれていたということになる。大正デモクラシー時代に、子ども向けの絵や絵本や童話が数々生まれたことや、この時代に『少年倶楽部』（現在の講談社にあたる大日本雄弁会）が発刊されていたことを考えると、戦前から子どもにマンガを大人たちが与えようとしていたことは間違いない。

今のマンガはどれも（四コマ漫画ではなく）「ストーリーマンガ」というスタイルを取っている。このスタイルを世に広めたのは、手塚治虫であろう——ただし、前述した『のらくろ』も、雑誌に連載された作品で、4コママンガではなかったので、手塚が「ストーリーマンガの元祖」とは言えない、という指摘も多数ある（吉村・ベルント、2020）——。

戦後マンガとキャラクターの存在

マンガのキャラクターとして戦後最も輝いたのは、やはり手塚が描いた『鉄腕アトム』のアトムであろうか。鉄腕アトムは、1951年4月に雑誌『少年』で連載開始し、翌52年3月号まで掲載された。このアトムを筆頭に、膨大な数のキャラクターが登場している。

この手塚の描いたマンガを読んだ若い作家たちが次々にマンガを描くようになっていく。藤子不二雄、石ノ森章太郎、つのだじろう、赤塚不二夫、水野英子といった「トキワ荘」の作家が次々にユニークで独創的なストーリーマンガを発表していく。

今では、『鬼滅の刃』の「竈門炭治郎」が日本を代表するマンガのキャラクターと言えるだろう。いつの時代も、マンガのキャラクターは子どもたちの心を摑んで離さない。更に2022年の今、『SPY×FAMILY』がマンガ・アニメ共に大ヒットしている。

小学生の頃、漫画家を夢見た少年時代の私にとって、永遠のヒーローは、『サイクル野郎』の丸井輪太郎だった。輪太郎と言われても、おそらくほとんどの読者が知らない人物だろう。

輪太郎は、自転車屋のオヤジの息子で、高校進学をせず、自転車での日本一周をめざす。波乱万丈の末に、日本一周達成が目前と迫る。そこで、連載が終了してしまう。日本一周という大きな目標が達成されたのかどうか、分からないまま、終わってしまったのである。ゆえに、今なお私にとっては、輪太郎のその後がずっと気がかりなのである。果たして彼は無事に家に戻ることはできたのだろうか、と。彼は、私にとっては単なるキャラクターではなく、憧れの存在だったし、今も憧れている。今みたいにインターネットで古本をすんなりと探し当てられる時代ではなかったので、『サイクル野郎』全巻を集めるために、日本全国の古本屋さんをめぐり、15年以上の歳月をかけて全巻集めることができた。この本は大切に保管しており、私が他界したら、棺の中にこの本も入れてもらうよう、家族にお願いしている。

マンガとキャラクターの相互作用（「シナジー効果」）はうまくいっている。マンガコミック市場は国内で６０００億円規模だが、キャラクター関連商品市場は1兆６０００億円規模となっている。マンガがヒットすることで、そのキャラクター商品が売れ、それにより更にマンガの人気に拍車がかかるという仕組みになっているようだ。

マンガとは何か

では、いったいマンガとは何か。マンガの定義を描こうとする試みはすでに多くなされており、またマンガ研究も国内外を問わず積極的に行われている。

『なかよし』や『少年マガジン』や『少女フレンド』といった有名マンガ雑誌の創刊編集長を任じた牧野武朗の門下生で、編集者人生を歩んできた澤村修治は、帝京大学文学部や淑徳大学人文学部などの講義録をまとめた『日本マンガ全史』の中で、次のように述べている。

マンガは庶民の願望・欲望を反映したメディアだといわれる。主人公の微笑みはどこまでもやさしく、甘き夢を読者に見させてくれる。格好良さはストレートに表現される一方、意表を突くデフォルメが繰り返される。これらを表現するマンガ制作の現場では、美へ、醜悪へ向かって飽くなき闘争がなされてきたし、いまもなされている。人の心をうがち社会の裸身に迫る試行は不気味なまでの活眼をもたらし、ついには、人間性の根にある一種の「廃墟」を直覚するセンスに至る作品も珍しくない。庶民のなかから生まれた放恣な表現法でありながら、人間の真理をわしづかみにする迫力において、マンガは他の芸術ジャンルと比肩でき、ときに凌駕しているのである。（澤村、2020 : 455）

澤村の「マンガは他の芸術ジャンルと比肩でき、ときに凌駕している」という指摘は、マンガ作品によって人生を変えられた人なら、よく分かる話だろう。マンガを読む経験は、芸術経験に勝るとも劣らないのである。マンガ研究の第一人者と言われる清水勲は、マンガのエッセンスについてこのように述べている。

漫画の精神は本来、「遊び」と「諷刺」の要素から成っている。しかし、現代の日本漫画の特徴を一口に言うと、「遊び」としての機能が肥大し、「諷刺」としての機能が弱まってきている感がある。特に一枚絵の諷刺画（カートゥーン）の分野は迫力を失っているような気がする。（清水、1991 : iii）

他の芸術作品と同様に、マンガにおいても、「遊び」と「諷刺」の要素が含まれている。絵画にせよ、音楽にせよ、文学作品にせよ、そこには、見る人を楽しませる遊びの要素と、またその見る人に何らかの思想的・哲学的・政治的な批判意識を目覚めさせる諷刺的な要素がある。ただ、その諷刺的な要素が失われているというのもまた一つの傾向であるようにも思う。かつては他の文化を凌駕し得る作品だったマンガは、単なる暇つぶしの娯楽や商品に成り下がっている可能性もなくはない。

マンガはおもちゃか?

では、実際のところ、子どもにこよなく愛されているマンガは、「おもちゃ」と言ってよいのだろうか。マンガやコミック誌は子どものおもちゃと言えるのだろうか。「炭治郎」のフィギュアや人形がおもちゃだということには異論がないにしても、『鬼滅の刃』のコミック（単行本）や『コロコロコミック』（雑誌）は、子どものおもちゃと言ってよいものなのか。

すでに見たように、おもちゃは、「手に持って遊ぶ（弄ぶ・玩ぶ）もの」であった。マンガに没頭する子どもたちを見ていると、文字通り、マンガを手に持って、その世界に没入している。大人が声をかけても、たいていは無視される。子どもたちは、真剣なまなざしで、マンガ本や雑誌を手に持ちながら、時に声をあげて笑いながら、そのマンガの世界を生きている。しかも、そのマンガは大人たちからすれば、無意味なものそのものである。「まじめ」な親であればあるほど、マンガへの嫌悪は甚だしい。ベンヤミンの「大人にとって無意味であればあるほど、そのおもちゃはほんものである」という定義に従えば、まさにマンガは、真のおもちゃと言えてしまうのである。

だが、読者の中には、「いや、マンガはおもちゃではない」と思う人もいるだろう。文字通り、「弄ぶもの」、「いじくるもの」であって、「子どもはマンガをいじくって弄んでいるわけではない」、と。では、マンガがおもちゃでないとするなら、いったいマンガは何なのか。

その際に、同時に考えなければならない問いがいくつかある、「読書は遊びか」、「絵本はおもちゃか」、「マンガを読むことは遊びか」、「読むことは遊ぶことではないのか」、「マンガを子どもたちはどう遊んでいるのか」等である。

第一の問いは、「読書は遊びか」である。マンガも本の一種であると仮定すると、子どもたちは読書をしていることになる。読書は遊びといえるのか。ミッシェル・ピカール（Michel Picard）は、１９８６年に『遊びとしての読書』という本の中で、これまでの遊び論の中で「読書」が無視されていることを指摘しつつ、こう述べている。

学者たちのうちの誰ひとりとして、読書にまでは言及していないのである。彼らの分野がいかなるものであれ、彼らは全員、読書を無視している。(Picard, 1986=2000 : 31)

このように遊び論における読書の欠如を問題視したピカールは、読書を「知的な遊び」と見なし、遊びとしての読書の本質に「幻想」、すなわち「イルジョン(illusion)」を見いだし、その「幻想の現実化」を読書における遊びだとした(Ibid. : 131)。

第二の問いは、「絵本はおもちゃか」である。もし「絵本」がおもちゃであるなら、マンガも絵本と見なすことができ、よっておもちゃとなり得る。だが、もし「絵本」がおもちゃでないなら、マンガをおもちゃと言うことは難しくなる。書店に行くと、「おもちゃ付き絵本」というのがある。絵本のキャラクターや登場人物のフィギュアやキャラクター商品がおまけに付いている絵本である。この絵本を見ると、絵本はやはり「絵本」であって、「おもちゃ」ではない、ということになるだろうか。

第三の問いは、「マンガを読むことは遊ぶことか」である。これまでぬいぐるみや人形、ガチャガチャや収集など、様々なおもちゃ遊びについて考えてきたが、マンガを読むことも遊ぶことの一形態であると規定してよいだろうか。

そして、第三の問いとつながる第四の問いは、「マンガを子どもたちはどう遊んでいるか」である。マンガは「本」の形式を取っており、「読書」というカテゴリーに分類されると思うが、フィクションの世界、すなわち「虚構の世界」に入り込み、その主人公になった気持ちでその世界を生きるという意味では、ミミクリー（mimicry p. 240 参照）に分類することができよう。ごっこ遊び、演劇、コスプレ遊び、ミミクリーペットなどと同様に、子どもたちは読書を通じて、つまり〈絵〉や〈文字〉を通じて、模倣や物まねや虚構や幻想を遊んでいることになる。

ピカールは、マンガについては論じていないが、「文字」だけの文学作品について次のように述べている。

知的な遊びとして、小さな文化的集団のために長いこと残されてきた習得作業を要求する文学的読書、文学は、明らかに特権者の専有物である。〈殴りっこは下賤の遊び〉。ある人たちには格闘競技、九柱戯、ペタンクが、別の人たちにはチェス、ブリッジ、本、芸術がある。ちょっとごまかすようにかすんでしまったにしても、この古い区別

は今日でもやはりかなり明白である。(Ibid.:400)

文字だけの文学作品や長編小説になると、他の遊びよりも敷居の高いものになる。ゆえに「特権者の専有物」だというピカールの指摘は間違ってはいない。しかし、遊びには、敷居の低いものから敷居の高いものまであってよいし、敷居が低くなければ遊びにならない、というわけではない。それに、その高い敷居を超えてきた者にとっては、読書以上の「遊び」はなかなか見つからない、ということも経験的に分かるはずだ。

読書は、異なる世界への旅であり、異なる人間との出会いであり、まさに非現実の世界を生きることそのものである。そういう意味では、マンガも小説も含め、読書は、贅沢な遊びの経験である、と言いたくなる。

きっと読書をしている時の子どもたちの真剣なまなざしに、真の遊びを見いだすのは私だけではないだろう。

第10節　ゲーム機はおもちゃの総合商社か？

ゲームは現実よりも強い

中川大地

家庭用ゲーム機のはじまり

コンソール型の家庭用ゲーム機を考える際に、われわれはまず1983年に発売された「ファミリーコンピュータ（通称ファミコン）」から考え始めるのがよいだろう。現存する家庭用ゲーム機の「原型」は紛れもなくファミコンにあるからだ。今の若い人たちに尋ねると、まだ（いわゆる「バッタもん」も含め）「ファミコン」の存在については知っており、現存するゲーム機の原点だということも一応理解されている。

だが、ファミコン発売以前からハードとソフトを切り離したゲーム機はすでに発売されていた。エポック社の「カセットビジョン」（1981）である。また、ファミコンの発売から3か月後には、学研が「TVボーイ」（1983）を発売している。ゲーム内蔵機であれば、

１９７７年に任天堂がファミコン以前に、すでに「カラーテレビゲーム15」（カラーテレビゲーム６）を発売していた(29)。

同時に、この時期に積極的に開発されていたのが、電子ゲーム機（ゲームウォッチ）だ。みなさんの中にも、「ジービー」（1978）、「ギャラクシアン」（1979）、「ギャラガ」（1981）、「パックマン」（1980）、「ディグダグ」（1982）、「ドンキーコング」（1982）を聞いたことがある人も少なくないだろう（中川，2016）。ドンキーコングは、私も幼い頃に夢中になって遊んだゲームだ――このドンキーコングの主人公が後の「マリオ」となることも知っておきたい――。

だが、電子型であれ、コンソール型であれ、マーケットとして圧倒的に売れて、広く一般に家庭用ゲーム機の存在を世に広めたのは、他ではないファミコンだった。

海外の家庭用ゲーム機のはじまり

海外においては、それ以前からすでにゲーム機は登場していた。残念ながら、家庭用ゲーム機が生まれたのは、日本ではない。

ゲーム機は、英語では、「Video game console（ビデオゲーム機）」と言う。ファミコン誕生以前から、欧米においてコンソール型のゲーム機器が開発されていた。

「PDP-1（Programmed Data Processor-1）」（1962. アメリカ）、「ブラウンボックス（The Brown Box）」（1967. アメリカ）、「マグナボックス・オデッセイ（Magnavox Odyssey）」（1972. アメリカ）[30]、「ポン（Pong）」（1972. アメリカ）、「ホーム・ポン（Home Pong）」（1975. アメリカ）、「ビデオ・エンターテイメント・システム（Video entertainment system）」（後にフェアチャイルド・チャンネルFに改名）（1976. アメリカ）、「カラーテレビスコアボード（Color television scoreboard）」（1976. アメリカ）、「ビデオ・コンピュータ・システム（Video computer system）」（後にATARI VCS（2600）に改名）（1977. アメリカ）など、ゲーム機の激しい開発競争があり、その只中で、日本でもゲーム機の開発・販売が行われるようになったのである。

ゲーム機の黎明期、ブラウンボックスとマグナボックス・オデッセイを開発したのが、ドイツ系アメリカ人の発明家・技術者のラルフ・ベア（Ralph Henry Baer, 1922-2014）だった。彼は、「家庭用ゲーム機の父（father of the home video game console）」と呼ばれており、２００６年には、ブッシュ大統領から「アメリカ国家技術賞」を授与された。

彼は、最先端のテクノロジーを駆使しながら、子ども家庭のために、新たな夢の道具、全く新しいスタイルの遊び道具を創造することに没頭した。大学でテレビについて学んだ彼は、テレビを使った新たな使い道を模索する中で、ゲーム機としての可能性を見いだしたのだ。家庭用ゲーム機の発明において、テレビの存在は絶対に欠かせない。

「ファミコンシンドローム」

バブル期に突入する直前の1983年7月、任天堂（Nintendo Co. Ltd）からファミコンが世に放たれる。それまで一部のコアな層だけで楽しまれていたゲーム機が、一気に子どもの世界に入り込んでいったのである。

任天堂の歴史は古く、1889（明治22）年9月の創設以降、花札や（日本初の）トランプなどのカードゲームを製造・販売する「玩具メーカー」だった。

このファミコンは当時としては画期的なクオリティーのゲーム機で、瞬く間に大ブームとなった。発売したその年だけで実に440万台以上を売り上げ、1986年には、販売台数が600万台を突破し、その普及率は16％に達していた（澤村、2020：281）。ファミコンの総売り上げ総数は、6191万台である。

その1986年当時の「ファミコン」について栗田は次のように述べている。少し長いが、1986年という時代の証言として引用しておこう。

> 玩具の寿命は半年から一年くらい。五十八年七月に発表されて以来、四年目に突入

しているファミコン人気は破天荒である。ファミコン本体の売れ行きは、六十一年春には六百万台を突破した。普及率は十六％、なんと六軒に一台の割合である。

ここまで普及すると、家庭に及ぼす影響力も大きくなる。「ファミコンをやりすぎて勉強しない」とか「ファミコンのやりすぎで視力が低下した」など、ＰＴＡからの非難もごうごう。教育問題にまで発展している。

産業界で、この〝ファミコン現象〟の恩恵にあずかるところは少なくない。ファミコンのＭＰＵ（演算処理装置）を供給しているリコーは、今やＩＣ生産額の三分の一をファミコン用が占め、折からの半導体不況どこ吹く風だった。…［中略］…

ファミコンが成功した理由は、一万四千八百円と低価格にもかかわらず、ゲーム機としての機能が高水準であることと、ゲーム・ソフトの質が高いこと。

ゲームとしてのおもしろさは、大の大人が夢中になることで証明される。「どんなに酔っぱらって帰ってきても二時間ぐらいやる」「休みの日は十時間もやった」などというファミコン中毒の大人が少なくない。

任天堂によると、ほんものの遊びとは、人間の五感を刺激する遊びで、ファミコンはこれらを満たしている、という。（栗田、1986 : 155-156）

ファミコン以後の国内ゲーム機の発展

われわれは、いったいどれだけのゲーム機を知っているだろうか。またどれだけのゲーム機に触れてきただろうか。

１９８７年に「ＰＣエンジン」がハドソンとＮＥＣホームエレクトロニクスの共同開発で発売された。１９８９年に「ゲームボーイ」が発売される。

１９９０年には「スーパーファミコン」が発売される。１９９４年には、ＳＯＮＹが「PlayStation」を発売開始し、２０００年には「PlayStation2」を発売し、1億５５００万台を売り上げた。

２００1年には、任天堂から「ゲームボーイアドバンス」と「ニンテンドーゲームキューブ」が発売され、２００４年にはゲームボーイに代わる携帯ゲーム機「ニンテンドーＤＳ」が登場する。２００５年には、マイクロソフト社から「X-BOX」が発売され、２００６年には、「Wii」、２０１２年には「Wii U」が発売される。

２０１7年には、これまでの常識を覆し、据え置き機と携帯機を融合させた「Nintendo Switch」が発売され、２０２1年12月末の時点で、なんと1億３５４万台が販売されている。

だが、現在、こうしたコンソール機ではなく、ＰＣやモバイルを使ったインディーゲー

世界の地域別ゲームコンテンツ市場

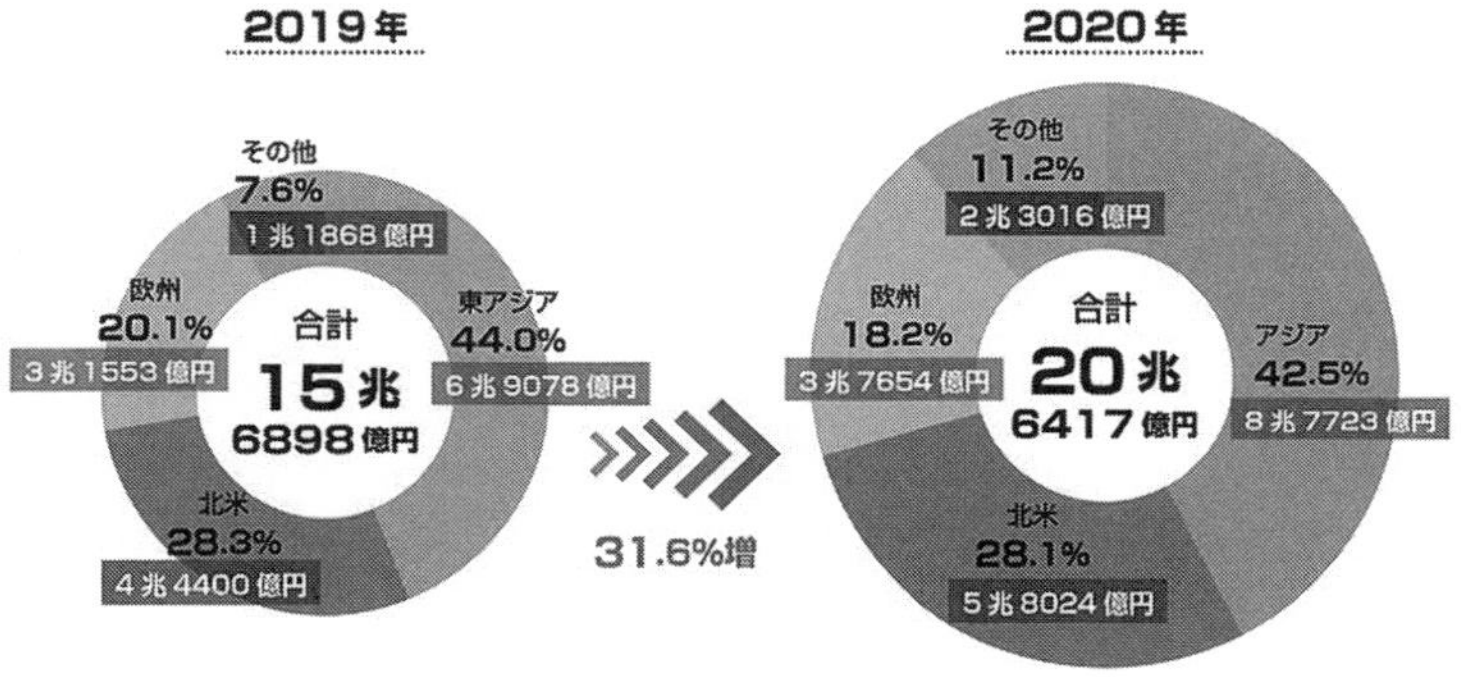

図3　引用元：https://gamebiz.jp/news/300622

ムが世界的に広がっており、ゲーム機そのものの存在価値が問われるようになってきている。インディーゲームの代表例は、スウェーデンで生まれた「マインクラフト」やアメリカで生まれた「フォートナイト」や「風ノ旅ビト」などがある。今後、コンソール型のゲーム機がＰＣやモバイルとどう競合するのか、ゲーム機自体がどうなっていくのか、誰にも分からないが、どのような形式であれ、子どもたちも大人もゲームに熱中し、没頭し、その世界に入り込んでいくことだろう。

今や、世界のゲーム市場の規模は、２０００億ドル（20兆円）を超えており、世界のゲームユーザー数も、30億人（国内５３００万人）に達しようとしている（グローバルゲームレポート２０２１）。10年代のスマホの世界的普及に加え、厳しい外出制限を伴うコロナ・パンデミックの影響で、２０２０年にゲーム市場は加速的に一気に拡大したことも見過ごせない。

ゲーム機を与える親の苦悩――依存から障害へ

このようにゲーム機もまた、長い歴史をもち、ゆっくりと（そして時として急激に）発展しながら、今日の圧倒的なクオリティーを誇る遊び道具に成長してきた。今や、ゲーム機は、子どもにとって必要不可欠なものであり、ゲーム機なしで生きることも難しい。スマホゲームやＰＣゲームを含めれば、ほぼすべての子どもがゲームと共に生きている。

ただ、それゆえに、ゲーム機は、前節のマンガやアニメ以上に、大人たち――とりわけ親たち――の頭を悩ませる機器でもある。

ゲーム機を子どもに買い与えるべきか否か。買い与えるとして、いったいいつ頃にゲーム機を買い与えればよいのか。ゲーム機を買ったのち、ルールを子どもに課すか、また、どのようなルールを子どもに課すか。ゲーム機を取り合う兄弟姉妹ケンカをどう抑制するか。毎日のように、ゲームをやるやらないで子どもと言い合いになったり、父と母とでゲームの見解が異なることで夫婦喧嘩になったりして疲れ切っている親たちは実に多い――更には子どもと一緒に親がゲームから離れられなくなるケースもあるし、親自身がゲーム依存に陥り、ネグレクトに発展するケースもある――。

また、ゲーム依存を防ぐために、いったい何をどうすればよいのか。今や、ゲーム依存は、「障害」に分類されるのだ。２０２２年以降、ゲーム依存は「ゲーム障害」として認められるようになった。実際にゲーム障害の患者の治療等を行っている久里浜医療センターの樋口進は、こう述べている。

当院では患者の約70％は未成年者が占めています。ゲームに没入した彼らは、昼夜逆転して引きこもる、親に注意されて暴言や暴力を振るう、成績が大幅に下がるなど、将来への悪影響は計り知れません。一方、成人患者は30％ほどで多くが20代。彼らはゲーム内で使用できるアイテム購入、通称〝ガチャ課金〟で相当なお金をつぎ込んでしまうのですが、自分の収入で完結する場合もあるため自身で依存自体に気づきにくい特徴があります。また中高生の頃から今に至るまで長期間ゲームに浸っているので、治療のハードルも上がります(31)。

世界保健機構（WHO）は、長い議論を踏まえて、「ゲーム障害」を次のような障害と見なしている(32)。

ゲーム障害（Gaming disorder）は、国際疾病分類第11版（the 11th Revision of the International Classification of Diseases：ICD-11）において、次のように定義されている。すなわち「ゲーム障害は、ゲームプレイを抑制することができず、他の活動よりもゲームの優先度（priority）が高まり、ゲームが他の興味や日常活動よりも優先され、ネガティブな結果が生じているにもかかわらず、ゲームを続けるまたはよりエスカレートすることを特徴とするゲーム行動（「デジタルゲーム」または「ビデオゲーム」）のパターンである」、と。

ゲーム障害と診断されるためには、その行動パターンが、個人や家族において、社会上、教育上、職業上、またはその他もろもろの領域において、著しい障害をもたらすほど極めて重度でなければならず、通常、少なくとも12ヶ月以上それが明白な場合である。

本来、人間がコントロールしていたはずのゲーム機だが、そのゲーム機に人間がコントロールされてしまうというケースも少なくない。おもちゃ（特定の対象）に没入し、その世界の中に入ることこそが「遊び」の本質だと思うが、その世界から出られなくなるほどに、魔的な魅惑をもっているのが双方向型のインタラクティブなオンラインゲームの世界であろう。オンラインゲームには、人と人とのつながりがあり、コミュニティーがあり、現実社会以上の強い連帯も生まれ得るのである。

今日のゲーム機がマンガやアニメ以上に深刻なのは、抑制すべき存在である大人たちもまた熱狂し、そこに没入している点である。ゲーム文化も成熟期を迎えており、オンラインゲームやeスポーツなどのバリエーションも増え、子どものみならず、大人もまた日々熱狂しているので、子どもと大人の境界線があいまいになっている。子どものための遊び道具ではもはやなく、大人・子どもを問わず、人間の遊び道具になっている。

ここでやはりまた、前節と同じ問いが生じることになる。すなわち、ゲーム機はおもちゃと呼べるものなのか、と。

ゲーム機はおもちゃなのか？

この問いに対しては、私は、「イエス」でもあり、「ノー」でもある、と言いたい。いや、「おもちゃを超えたもの」と記すべきだろうか。

まず、ゲーム機は「コンソール」であり、「もの」であり、コントローラーを弄びながら、（ゲームに興味も関心もない）大人から「無意味だ」と思われるものである点で、優れたおもちゃだと言えるだろう。また、子どもの心はテレビモニターの中に入り込み、目を閉じる瞬間もなくなるくらいに、その世界の中に没入している。そういう意味では、「イエス」だ。人類史上、ゲーム機ほど完全なるおもちゃは他に類がない。あらゆる「遊びの要素」がそこに組み込まれており、戦い（アゴーン）あり、ストーリー性や模倣性（ミミクリー）あり、刺激や落下性（イリンクス）もあり、賭けの要素（アレア）もある。そのすべてを兼ね備えた「遊びの王様」と言ってよいものである。この四つの要素については、次章で詳しく論じるが、ここでは遊びの「四大要素」のすべて兼ね備えているのがゲーム機なのだ、ということを確認しておこう。

だが、ゲーム機は、自分の手では組み立てようがないほどに高度に複雑で、自由に組み替えたり、自由に用途を変えたり、修理したり、予期せぬ使い道を思い浮かべたりすることができない——予想しえないバグを楽しむことはできるかもしれないが……——。つまり、おもちゃのもつ「自由さ」が欠如しているのである——むしろ「不自由」になっていく——。また、前述で見たように、ゲーム機は今や「障害」を引き起こすまでになっている。障害を引き起こすおもちゃはもはや「おもちゃ」とは言えない。そういう意味では、「ノー」だ。

しかしながら、低空飛行が続く日本経済の現実を見ると、「ゲーム産業」は、日本が誇れる数少ない産業の一つでもある。沈没寸前のこの国において、このゲーム産業は、一方で、国際的にも重要なビジネスであり、前述した漫画やアニメと並び、日本経済にとって重要な文化資源になっていると言わなければならない。その一方で、ゲーム世界から抜け出せず、社会生活を営むことさえ困難になる人たちも増えつつある。

この難問をどう考えていけばよいのだろうか。われわれはいかにしてゲームと共存していけばよいのだろうか。親からしてもゲームはとても楽しいものである。だが、ゲームに没頭する子どもを見て、見続けて、「いいかげん、遊んでないで……」と言いたくなる親の気持ちもとてもよく分かる。

第11節　Playing Children Change the World!

人間は遊んでいる時だけが真の人間なのです
フリードリッヒ・フォン・シラー

ショッピングや買い物は遊びか

この国の子どもたちは遊んでいるだろうか。おもちゃと共に生きているだろうか。おもちゃと遊ぶ十分な時間が与えられているだろうか。

おそらく「消費」という意味では、日本の子どもたちは、大人と同様に、多くの時間を消費活動に費やしている。「おもちゃと遊ぶこと」ではなく、「おもちゃを購入すること」、「おもちゃを手に入れること」であれば、日本の子どもたちは間違いなく世界トップクラスであろう。「六つのポケット」という言葉があるように、大人たちも、「子どものために」と、あれこれと「商品」を購入しては、子どもに与えている。

玩具市場（toy market）という点でも、日本の玩具メーカーは世界の中で健闘している。

デンマークの「レゴ（LEGO）」、アメリカの「ハズブロ（Hasbro）」、「マテル（Mattel）」、カナダの「スピンマスター（Spin Master）」と並んで、「バンダイナムコホールディングス」や「タカラトミー」や「サンリオ」のおもちゃは世界で高く評価されている。

だが、子どもも大人も、何かを購入することを楽しんでいるとすれば、それは、遊びを楽しんでいるのではなく、「ショッピング」を楽しんでいるのである。もちろん、買い物はそれ自体、誰にとっても楽しいことであり、それを嫌う者はそういないだろう。

しかしながら、これまで議論してきたように、おもちゃやおもちゃ遊びは、消費することでもないし、購入することでもない。無論、気晴らしやガス抜きでもない。そういう側面を否定することはしないが、購買活動や消費活動以上のものである。

本章の最後に、「おもちゃと遊ぶ子どもたちが世界を変える」という話でこの章を終わりにし、次章で「遊びとは何か」について深く考えていきたい。

非現実的で非合理的な世界へ

ショッピングは、おもちゃだけに限らず、現実の社会における現実的な活動である。一般的な意味での「買い物」は、生活必需品を購入する日常の営みである。稼いだお金で、生きるために必要な物資を得る活動が、買い物である。そういう意味では、ショッピングも、生命維持の活動と言えなくもない。ただ、ショッピングには、無駄遣いをすることや要らないものを購入することで、「すっきりする」「楽しくなる」という効果もあり、遊びの要素もなくはない。

生活する上で欠かせないものを購入するショッピング以外の買い物をしている時、人は遊んでいると言えるのかどうか。

次章の第2節で詳しく検討するが、遊び論のパイオニアであるホイジンガは、『ホモ・ルーデンス』の中で、「遊びは実際生活の合理性の外にある。必要とか利益とかの領域の外部にある。……遊びの価値は理性、義務、真理などの規範の外にある」と言っている(Huizinga, 1938=1973 : 325)。

これに従えば、遊びは、実際の生活の合理性の外にあるということであり、規範の外にある非日常的で非合理的な世界の中で営まれるということになる。そうすると、ショッピングもまた、それが理性や義務によるものでなく、また合理的必然性を伴わないものを購入する営みであれば、それも遊びと言えなくもなさそうである。

そもそも何の必要性もなく、何の利益もないのが遊びであった。ぬいぐるみと共に生きる子どもは、その非現実的な――しかし、子どもにとっては何よりもリアルな――物体と、非日常的な世界を生きて楽しむのであるし、ゲームや漫画を楽しんでいる子どもたちもまた、実際の生活様式の外部に入り込み、その世界の非日常性や非合理性を生きるのを楽しんでいるのである。第1章で見た東京ディズニーランドは、まさにそんな非日常的で非現実的な夢の国であった。

どんなおもちゃであっても、そのおもちゃを買う義務や必然性はないし、誰かから命令されて買うものでもないし、またそのおもちゃを買うことで、何らかの利益を得るわけでもない。つまり、おもちゃと子どもの間には、何の強制も利害も損得もないのである。むしろ、その本来の意味で考えると、現実世界では無駄で無価値で無意味なものの方が、よりよいおもちゃであるし、そうした無駄で無価値で無意味なもので遊ぶことの方が、より根源的な遊びに近づいていくのである。

おもちゃと遊ばなくても誰も困らない。おもちゃと遊ばなくても、生きていくことはできる。だが、それがないと、味気ないのであり、物足りないのである。子どもからすれば、「おもちゃがない世界」というのは、死んだ世界であり、色のないモノクロの世界なのである。

生命ある形態としてのおもちゃ

そんな色のないモノクロの世界に色を与えてくれるのが、本当のおもちゃと言えるだろう。冒頭で挙げたきょうちゃんの大切なニャーニャー君は、きょうちゃんの世界に色を与え、彩りを与え、世界全体の秩序や形式を与えてくれている。ニャーニャー君自体は、露店で売られていた量産型のパペットだが、きょうちゃんにとっては、かけがえのない存在であり、寝食を共にする運命共同体なのである。ニャーニャー君の存在は、合理的な思考では捉えることができず、また必要性や損得で捉えられるものでもない。

だが、ニャーニャー君の方もまた、きょうちゃんという一人の男の子によって、命が与えられ、生命の息吹が与えられ、パペット以上の存在になったのである。きょうちゃんほどにはニャーニャー君に思い入れのない父親の私から見ても、もはやニャーニャー君は、他人（他猫）とは思えず、家族の一員としか感じられなくなっている。

ホイジンガに大きな影響を与え、「遊戯学（ludology）の父」とも言われるシラーは、『人間の美的教育について』の中で、「遊戯衝動の対象」のことを「生命ある形態（Lebende Gestalt）」と呼んだ。シラーはこんな例を挙げている。

一塊の大理石は、たとい生命のないものであり、またいつまでもそうであるにしても、それにもかかわらず、そうであればこそ建築家や彫刻家の手によって、生命ある形態となることができるのです。（Schiller,1847：2003：94）

この一文を読んだ時に、きょうちゃんとニャーニャー君の関係が見えた気がした。きょうちゃんの手によって、ニャーニャー君は、ただの安物のパペットから、生命ある形態となったのである。しかも、本人にとってだけでなく、家族全員にとっての生命ある形態となったのである。

ニャーニャー君は、我が家で、生き生きと（lebendig）しており、きょうちゃんの手によって、形態（Gestalt）が与えられたのである。シラーは、この形態のことを「現象のすべての美的な性状」と言い表している。我が家で生きるニャーニャー君は、美的な性状を表しており、我が家自体も美的で調和のある雰囲気に包まれている（とでも言えばよいだろうか）。超合理的で、超現実（第1章で挙げた「ハイパーリアリティー」）的であり、美的な性状をもつのが「おもちゃ」であるが、それは、世界全体をひとつのまとまりあるものに仕上げてくれるという意味で、調和的なのである。我が家もまた、ニャーニャー君がいてくれることで、平和で調和のとれた家庭生活が過ごせているように思う。

もしきょうちゃんがニャーニャー君への関心を失ったり、きょうちゃんの父や母がそのニャーニャー君を単なる薄汚れたパペットと見なしてゴミ箱に捨てたり、もはや「なかったもの」として押し入れの隅に追いやられたりしたら、それは、ニャーニャー君の死であり、生命のない「もの」に成り下がってしまったということを意味するのだろう。それと同時に、我が家の家族形態もがらりと変わってしまうのであろう。

理性は次のようにいうのです。――美というものは単なる生命でも、単なる形式でもあってはならない。それは生命ある形態、すなわち人間に絶対的な形式性と絶対的な現実性との二重の法則を伝授してくれる美でなければならない――と。したがって理性はまたこうも発言しています。――人間は美といっしょにただ遊んでいればよい、ただ美とだけ遊んでいればよい――と。（Schiller,1847 : 2003 : 94）

きょうちゃんとニャーニャー君のいる我が家は今日も健在である。そして今日も、きょうちゃんは、ニャーニャー君を隣に置いて、テレビゲームに没頭している。そろそろ塾に行く時間だが、ちゃんと時間通りに塾に行ってくれるかどうか、それだけが心配である。

引用文献

アリストテレス、『ニコマコス倫理学』、高田三郎訳、岩波書店、１９７３年
アリストテレス、『政治学』、山本光雄訳、岩波書店、１９６９年

Benjamin, W.: *Über Kinder*, Jugend und Erziehung, Ffm 1969. =『教育としての遊び』、丘澤静也訳、晶文社、１９８１年
麻生武、「人形に心が生まれるまで」、『野生の教育をめざして』、新曜社、２０００年
後白河上皇、『梁塵秘抄』、岩波書店、２０１５年
ホフマン、『くるみ割り人形』、徳間書店、２０１２年
細木原青起、『日本漫画史』、岩波書店、２０１９年
畠山箕山、『色道大鏡』、八木書店、１９７４年
Huizinga, J.: *Homo Ludens*, Rowohlt Taschenbuch Verlag. 1938. =『ホモ・ルーデンス』、高橋英夫訳、中央公論社、１９７３年
中村元・福永光司・田村芳朗・今野達編、『岩波仏教辞典』、岩波書店、１９８９年
Key, Ellen.: *The Century of the Child*. Leopold Classic Library. 1900.=『児童の世紀』、小野寺信・小野寺百合子訳、冨山房、１９７９年
菊池浩平、『人形と人間のあいだ』、ＮＨＫ出版、２０２２年
子供と遊びと玩具審議会、『良い玩具のＡからＺ―遊びと玩具の小事典―』、遊びと玩具研究会訳、遊びと玩具研究会事務局、１９８０年
栗田房穂、『「遊び」の経済学』、ＰＨＰ研究所、１９８６年
日本史広辞典編集委員会編、『山川日本史小辞典』、山川出版社、２００１年
Lévinas, E.: *Totalité et Infini- essai sur l'extériorité*, Martinus Nijhoff.1961.=『全体性と無限』（上）、岩波書店、２００５年
大村はま、『教えるということ』、ちくま学芸文庫、１９９６年

Mollenhauer,K.：*Vergessene Zusammenhänge：Über Kultur und Erziehung*, Juventa,1983.=『忘れられた連関――〈教える―学ぶ〉とは何か』、今井康雄訳、みすず書房、１９８７年

Picard, M.：*La lecture comme Jeu*. Editions de Minuit.1986.=『遊びとしての読書』、及川馥・内藤雅文訳、法政大学出版局、２０００年

プラトン、『国家』、藤沢令夫訳、岩波書店、１９７９年

プラトン、「法律」、『プラトン全集一三』、森進一・池田美恵・加来彰俊訳、岩波書店、１９７６年

斎藤喜博、「授業入門」、『斎藤喜博著作集』第４巻、麦書房、１９６３年

澤村修治、『日本マンガ全史』、平凡社、２０２０年

Schiller, F.V.：*Über die ästhetische Erziehung des Menschen*. In einer Reihe von Brifen. Schillers sämmtliche Werke. Cottascher Verlag.1874.=『人間の美的教育について』、小栗孝則訳、法政大学出版局、２００３年

Schopenhauer, A.：*Aphorismen zur Lebensweisheit*, Im Insel Verlag. 1913.=『幸福について』、橋本文夫訳、新潮社、１９５８年

清水勲、『漫画の歴史』、岩波書店、１９９１年

Theimer, F.：*Les Jouets*, Presses universitaires de France. 1995.=『おもちゃの歴史』、松村恵理訳、白水社、１９９８年

ウルリケ・ハルベ・バウアー、『マルガレーテ・シュタイフ』、田口信子訳、東京新聞社、２０１０年

山田徳兵衛、「人形」、『世界大百科事典』17巻、平凡社、１９６７年

柳田国男、『こども風土記　母の手毬歌』、岩波書店、１９７６年

吉村和真・ベルント,ジャクリーヌ編、『マンガ・スタディーズ』、人文書院、2020年

注

（1）プラトンは、「詩を書くこと」を「まじめ」の反対にあるものとして、学問や教育の世界から追い出した。その際に「遊び」を否定している。彼は、『国家』の中で、こう書いている。「真似る人は、彼が真似て描写するその当のものについて、言うに足るほどの知識は何ももち合わせていないのであって、要するに〈真似ごと〉とは、ひとつの遊びごとにほかならず、まじめな仕事などではないということ、そしてイアンボスやエポスの韻律を使って創作にたずさわる人々は、すべてみな、最大限にそのような〈真似ごと〉に従事している人々である、ということだ」。（プラトン、国家、602B）。遊びは、まじめな仕事の反対のものか。「遊び」と「真面目」の関係については、その後、多くの論者が議論することになる。第3章第1節を参照。

（2）引用元：https://www.nps.gov/thrb/learn/historyculture/storyofteddybear.htm　情報取得2022年11月1日

（3）ただし、この時、捕らわれていた熊はナイフで刺されて殺されている。ルーズベルトが銃で撃たなかったのは、ただ「負傷した熊は狩猟という行為にそぐわないから」という理由だけであった。参考元：https://www.ptl.co.jp/f/history　情報取得2022年11月1日

（4）参考元：http://www.theframeworkshop.com/store.cfm?SubCatID=24　情報取得2022年11月1日

（5）引用元：https://lowch.com/archives/20094　情報取得2022年11月1日

（6）画像の出典元：https://www.giengener-fotos.de/fotos/filz-spielwarenfabrik/　情報

取得２０２２年11月１日

（７）参考元：https://cafe-tippel.com/　情報取得２０２２年11月１日

（８）引用元：https://japan-toy-museum.org/archives/monthly/%e6%97%a5%e6%9c%ac%e3%81%ae%e9%83%b7%e5%9c%9f%e7%8e%a9%e5%85%b7%e3%80%8c%e5%a7%89%e3%81%95%e3%81%be%e4%ba%ba%e5%bd%a2%e3%80%8d　情報取得２０２２年11月１日

（９）更に、「ロボット」もまた、われわれの生活に入り込んできている。古くは、ＳＯＮＹが開発した「アイボ（ＡＩＢＯ）」があるが、現在、急速な勢いでおもちゃのＡＩロボットの開発が進んでいる。

（10）引用元：http://toyculture.org/%e3%81%8a%e3%82%82%e3%81%a1%e3%82%83%e3%81%ae%e5%8a%9b/　情報取得２０２２年11月１日

（11）引用元：https://cmascanada.ca/2013/03/13/forward-development-elect-and-the-newcomer-child/　情報取得２０２２年11月１日

（12）原文は、「Play is a means to early learning that capitalizes on children' s natural curiosity and exuberance.」である。

（13）原文は、「Play is an important part of a child care experience, especially when immigrant children may have added difficulty socializing and come with limited language skills.」である。

（14）原文は、「Play will capture natural curiosity and exuberance—with the added benefits of increasing social interaction and breaking the language barrier.」である。

（15）引用元：https://www.bornelund.co.jp/mind/tools.html　情報取得２０２２年11月１日

（16）ショーペンハウアーの『幸福について』の訳書は色々と出ているが、訳文の分かりやすさやシンプルさを考慮して、今回は橋本文夫の新潮文庫版を用いることにする。

（17）この引用の後半の原文は、「……daß, da er keine geistigen, sondern nur physische Bedürfnisse hat, er Den suchen wird, der diese, nicht Den, der jene zu befriedigen imstande ist.」である。ここでいう「欲望」の原語は、Bedürfnis の複数形である。この語には、欲望の他に、欲求、要求、要望、必要、需要といった意味がある。そのいずれも、精神的なものと肉体的なものがあり、そのどちらを求めるかで、その先が大きく変わってくる。

（18）引用元：https://bizdrive.ntt-east.co.jp/articles/dr00049-004.html　情報取得２０２２年11月１日

（19）参考元：https://www.e-aidem.com/ch/jimocoro/entry/tatsui10　情報取得２０２２年11月１日

（20）参考元：https://president.jp/articles/-/53690?page=1　情報取得２０２２年11月１日

（21）Ibid.

（22）引用元：https://japangachagachalab1965.com/2020/12/05/%E3%82%AC%E3%83%81%E3%83%A3%E3%82%AC%E3%83%81%E3%83%A3%E7%94%A3%E6%A5%AD%E3%81%AE%E5%B8%82%E5%A0%B4%E8%A6%8F%E6%A8%A1%E3%81%AE%E6%8E%A8%E7%A7%BB/　情報取得２０２２年11月１日

（23）引用元：https://blog.japanwondertravel.com/otaku-things-to-do-in-tokyo-21591　情報取得２０２２年11月１日

（24）引用元：https://www.mlit.go.jp/kokudokeikaku/souhatu/h18seika/01anime/01_syu_06sousei2.pdf　情報取得２０２２年11月１日

（25）参考元：https://gendai.ismedia.jp/articles/-/69119?page=2　情報取得２０２２年11月１日
（26）だが、そのポップカルチャーの魅力を国はあまり深く理解できていないので、うまく活用できていないと筆者は考えている。なお、筆者は２０１１年に「ポップカルチャーとしてのヴィジュアル系の歴史」という論文を執筆しており、そこでも同じ指摘をしている。
（27）１７９８年に書かれた山東京伝の『四時交加（しじのゆきかい）』において、「漫画」という文字が確認されているので、北斎以前から「漫画」という言葉はすでに存在していたとも言われている。
（28）参考元：http://sakitama-s.com/books/classification/history/entry_2764/　情報取得２０２２年11月１日
（29）引用元：https://www.nintendo.co.jp/corporate/history/index.html　情報取得２０２２年11月１日
（30）ベアによれば、「オデッセイはよく売れた。１９７２年の初年度は10万台のオデッセイが販売された」とのことである。https://www.ＹｏｕＴｕｂｅ.com/watch?v=7vBZmzLXBK8　情報取得２０２２年11月１日
（31）引用元：https://www.kokusen.go.jp/wko/pdf/wko-201910_02.pdf　情報取得２０２２年11月１日
（32）引用元：https://www.who.int/news-room/questions-and-answers/item/addictive-behaviours-gaming-disorder　情報取得２０２２年11月１日

第3章

遊ぶために遊ぶ子どもたち
——遊びと社会の小さな哲学——

第1節　子どもたちは遊んでいるか

遊びそのものに目を向ける

なぜ大人たちは、子どもが遊んでばかりいると、それを不快に思い、「ほら、遊んでないで……」、「遊んでばかりいないで」、「いつも、遊んでばかりで……」、と口癖のように嘆くのだろうか。

おそらく、そんな大人たちであっても、「魅力ある大人になるためには、幼少期にたくさん遊ばなければならない」とは思っていることだろう。また、何をして遊ぶかという対象への問い以前に、「すべてのことを存分に遊び尽くすということは、人間の成長や人格の形成において欠かせないことだ」ということにも賛同してくれることだろう。

問題は、その度合いであろうか。遊ぶことはたしかに大事だが、そればかりではダメな人間になってしまう、という感じだろうか。

他方で、遊びを用いて教育しようと考えたくなる誘惑がある。「子どもは遊びながら学んでいく」、「遊びを通して、子どもたちの学びを深める」といった決まり文句は、教育・

保育業界においても、キッズビジネス業界においても、いたるところで散見される。遊びは、学びを邪魔するものなのか、それとも、学びのための手段や媒体なのか。あるいは、それ以上のものなのか。

この問いは、1983年にすでに「遊び」について考えていた多木浩二の次の問いにつながっている。

まえに「人形の家」について書いたとき、ふつう多くの議論では、たとえばロラン・バルトの子どもの玩具に対する場合もそうですが、子どもの家はそれによって子どもに大人の世界に適用させるための教育玩具だと考えられてきましたけど、にもかかわらずそこに「遊び」がある。その「遊び」は子どもを教育する媒体と考えられるが、「遊び」のもつ意味はそれだけですまされるかどうか……（多木・前田、1983 : 238）

前章で、「ニャーニャー君」をはじめ、人形とぬいぐるみについてあれこれと論じたが、果たして人形遊びやぬいぐるみ遊びは、「大人の世界に適用させるため」のものなのだろうか。そのための「教育玩具」にしてしまってよいのか。おもちゃ遊びを、教育的な目的に動機づけられた行為と捉えてしまってよいのだろうか。遊びが子どもたちにもたらすものは、そうした教育的な目的に適ったものに過ぎないのだろうか。

その際に忘れてはならないことは、子どもにとっては、いつでも最も集中しているのは遊んでいる時であり、遊んでいる時以上に「真剣な時」はない、という当たり前の事実である。大人が真剣に働いているのと同じように、否、それ以上に子どもたちは真剣に遊んでいるのだ。

ドイツの哲学者であるハンス＝ゲオルク・ガダマー（Hans Georg Gadamer）は、遊んでいる者の「真剣さ」について、こう述べている。

遊ぶ者は、遊びが遊びにすぎず、しかもそれが諸目的の真剣さによって規定されている世界の中で行われていることを自ら知っている。しかし彼がそれを知っていると言っても、それは彼が遊びながらこの真剣さへの関係を自ら考慮に入れているという形においてではない。というのは、遊びがそれ自体の目的を果たすのは、遊ぶ者が遊びに没頭している場合だけだからである。生活上の真剣なことを考えると、遊びからその外に出てしまうが、そうした関係ではなく、遊びにおける真剣さだけが、遊びを完全に遊びたらしめるのである。遊びを真剣に受け取らない者は、遊びを台無しにする者である。（Gadamer,1960=1986 : 146）

ガダマーは、前章で見たプラトンやアリストテレスの「まじめさ」や「真剣さ」を想定して、このことを記している。プラトンもアリストテレスも、遊びがまじめでもなく、真剣でもないものと見なしていた。だが、ガダマーは、遊んでいる者の側から、真剣に遊ばない者のことを「遊びを台無しにする者」だと規定している。

これを踏まえて、こう問いたい。「遊びは、実際に、人間が人間として人間らしく生きていく上で、必要不可欠なものだと本当に言えるのだろうか」、と。

もし遊びがすべての人間にとって必要不可欠であるのなら、われわれ大人たちは遊びを固く守らなければならないし、その義務や責任が発生する。逆に、遊びが余剰で、不要不急のものに過ぎないならば、われわれ大人たちは、それを守る義務も責任も負わなくてよいことになる。

なぜ、このような問いを投げかけるのかというと、徐々に、ますます子どもたちが遊ばなくなってきているようにも、遊べなくなってきているようにも見えるからである。大人たちが「子どもの安全性」や「子どもの将来の安定性」を考えすぎるあまりに、子どもから遊びを奪い取っているように思うからである。殊、日本においては、「安全性」や「安定性」を過度に重視し過ぎるために、「遊び」を壊滅させようとしていないか。本章の問題意識は、すべてこうした遊びの根本的で致命的な危機的状況にある。

事実として、今世紀になって以降、遊ぶ場所も遊ぶ時間も加速的になくなってきている し、子どもの姿が消えた公園も増え続けている。遊びのバリエーションや選択肢もまた変容しており、それによって遊びで得られる経験もまたかつての遊びとは違うものになっているように思われる。

そこで、本章では、学術的な議論としてはすでに語られ尽くしているようにも思われる「遊び（play, Spiel, Jeu）」の問題を今一度、その出発点に立ち戻り、子どもが遊ぶことの意味について改めて問い直したい。

グローバル・ネットワーク時代の中で、われわれの生活は大きく変わり、それに伴い、以前より増して子どもたちが「学ぶべき事柄」が増えてきた。たとえば、英語教育、環境教育、プログラミング学習、データサイエンス、人工知能（ＡＩ）、投資教育など、主にパソコンやタブレットを用いた新たな教育の必要性が高まり、子どもたちは、遊ぶことを止めさせられ、あるいは遊びをラップトップやタブレットやスマートフォン――近年では「メタバース」――の中に閉じ込める仕方で、リアルで身体性を伴う生き生きとした遊びから隔離されようとしているようにみえる。これまで子どもたちに親しまれてきた「遊び」は、今や消滅寸前である。

しかし、それでも、子どもたちは、親や教育者たちの「仕掛けた罠」をも潜り抜け、またその仕掛けた罠そのものを変容させ、遊ぶことを真剣に生きることができる存在でもあるはずだ。遊びは、それ自体がまるで生き物のように、姿を変え、形を変え、人間に遊ぶことを迫ってくるのである。そんな遊びの力強い現実に迫っていきたい。

第2節　遊びの原風景

――遊びの対象から遊びそのものへ

子どもの遊んでいる姿

まずは、幼い子どもたちが遊んでいる姿を思い浮かべてみたい。おそらくその姿は、思い浮かべる人によって全く異なったものになっているだろう。育った環境によっても、その思い浮かんだ風景は全く異なっているはずである。

自然溢れるのどかな場所で育った人であれば、森や山、川や田んぼや畦道にいる子どもを思い浮かべるだろうし、逆にアスファルトに覆われた都市空間で育った人であれば、プラスティック製のおもちゃやフィギュア、カードゲームやテレビゲームに熱中する子どもを思い浮かべるだろう。山の中を駆けまわって遊んだ記憶をもつ人もいれば、保育園や幼稚園の中で保育者やお友達と遊んだ記憶をもつ人もいる。

子どもの遊びを考えるために、まずは、地理的・時間的な諸条件を超えた――普遍的とも言えそうな、しかし今日の社会においてその存続が危ぶまれているような――代表的な遊びについて、オランダの画家ピーテル・ブリューゲル（Pieter Bruegel）が1560年に描いた「子供の遊戯」を思い浮かべながら、再考していこう。

木登り・水泳

まず、子どもの遊んでいる姿として思い浮かぶのが、木登り（tree climbing）であろう。木登りは、元来の意味においては、遊びではなく、自らの身を守るため、生きるために必要な物資（木の実）を得るための行為だった。その技術を学ぶために、大人たちは子どもに木登りを教えた。それを通じて、生きるための技術——生き延びるための技術——を子どもたちは学んでいた。

今日の社会では、生きるために必要な技術や能力のために木登りを学ぶというよりは、基礎体力作りやアドベンチャー的な遊びとして、子どもたちは木登りを行っている。木登りは、生きるための技術とは考えられておらず、その必要性も高くなく、それでいて、「危険だ」「命にかかわる」ということで、公園での木登りの禁止を掲げるエリアも出てきている。

それでも、今なお木登りは子どもたちにとっては重要な遊びのままに留まっている。国内外を問わず、大きな公園に行けば、必死になって木に登ろうとする子どもの姿を見ることができるだろう。

他方、海では、水泳（swimming）で遊ぶ人が多い。この水泳もまた、遊びではなく、自らの身を守りつつ、生きるために必要な物資（魚介類）を得るための行為である。木登り同様に、生きるために必要な大人の技術であり、子どもに教え伝えなければならないものだった。今日においても、泳ぐこと自体は、生きるための技術として考えられており、スイミングスクールには多くの子どもたちが通っている。小学生の習い事ランキングでは、常に上位に入る人気のスポーツであり、子どもにとって最も身近な――しかし、最もプリミティブな――遊びと言えるだろう。

だが、この水泳も、木登り同様に、「危険だ」「命にかかわる」という理由で、自由に遊べなくなってきているようにも見える。遊泳エリアも限定され、そこにおいても常に誰かの監視下にあり、その監視の下で、水遊びを楽しむことしかできない、というと言い過ぎかもしれないが、多数の監視の目に晒されていることは間違いない。

まねごと

木登りと並んで、最も代表的な遊びが、「まねごと」であろう。「つもり遊び」「（お）ままごと――飯事――」「なりきりゲーム」「ごっこ遊び」「なりきりごっこ遊び」と言われている典型的な遊びである。英語では、「make-believe play」「pretend play（"let's pretend" game）」「playing home」等である。

私と目が合うとニヤっとするKくん。両手を顔の横で軽く握り「がぉー!!」と言いながら追いかけてくる。「きゃー、来たよー」と側にいた子どもたちと逃げる。少し走ると地面に寝転ぶKくん。「寝ちゃったよー、行ってみよう」と、周りの子に声をかけ一緒にKくんの所に行く。すると、K君はさっと起き上がり、再び「がぉー」と言って、追いかけはじめる。その繰り返しを何度か楽しんだ。最後は、Mちゃんが追いかけられるのを嫌がり、終わった。（保育士Sさんの事例より）

このまねごと遊びは、何かになったつもりになる遊び、誰かになりきる遊び、何かや誰かを演じたり、その何かや誰かに乗り移ったりする遊びである。ままごとは、子どもがミニチュアの家具や食器等を使って、炊事や食事のまねごとをして楽しむ遊びであり、まさに、home を遊んでいると言えるだろう。また、身近な親しみのある動物になりきったり、自分の母親や父親になりきったり、幼稚園や保育園の先生になりきったり、あるいは大好きなアニメのキャラクターになりきったりして楽しむ遊びである。アニメや映画のキャラクターになりきるための道具（お面・仮面や衣装、武器、ミニチュア玩具等）もまた、この遊びには欠かせず、それが巨大なキッズビジネスになっていることも見逃せない。

木登りや水泳は「危険だ」ということで禁止・制限される方向に進んでいるが、まねごとは、本来「まねる」「なりきる」ということが目的であったにもかかわらず、むしろ資本主義的な産業構造に呑み込まれるかたちで生き延びることとなった。おもちゃ売り場には、まねごと遊びを盛り立ててくれる「商品」が陳列されており、子どもたちはその商品に心を奪われている。当然、その商品は入れ代わり立ち代わり、次々に「新作」となって登場し、その新作商品に子どもたちが「遊ばれる」ことになる。

鬼ごっことかくれんぼ

そのまねごとの中で、最も激しい原始的な戦闘遊びが、「鬼ごっこ」であろう。鬼ごっこは、遊びのメンバーの一人が「鬼」となって、「人間共」を追いかける遊びであり、上の「まねごと」の範疇を超えて、非常に激しく戦闘的な遊びになっている。ままごとを楽しんでいる子どもたちの傍らで、鬼ごっこをしている子どもたちを見る時、人はその両者を同じまねごとだと思うだろうか。

鬼ごっこは、英語では「tag」「catch and catch」「chase tag」「freeze tag（氷鬼）」等で、

ドイツ語では「Fangen」である。欧米では、「何かになりきる」というよりも、「捕まえる」と「捕まえられる」を繰り返す戦闘遊びになっているようだ。

また、この鬼ごっことは別に、「かくれんぼ（hide and seek）」もある。かくれんぼになると、「まねごと」「ごっこ遊び」の要素がなくなり、「犯人捜し」のようなスリルを味わう遊びになる。「もういいかい」「まーだだよ」という声の掛け合いも、この遊びの魅力であり、ルールになっている。かくれんぼの他に、「缶蹴り」や「ポコペン」や「ケイドロ」も子どもに受け継がれ続けている遊びだ。

日本では、鬼ごっこやかくれんぼと並んで、花いちもんめ（花一匁）やそれに類する遊びが全国にあった。この点に注目した本田和子は、花いちもんめと構造的によく似た「子とろ子とろ」（子をとろ子をとろ）の風土史を書き残している（本田、1983：150）。

本田は、江戸時代に積極的に論じられた遊び論の中で、鬼ごっこやかくれんぼについては描かれているのに、「花いちもんめ」の名がどこにも見いだせないことを指摘している。だが、花いちもんめのもつ意味内容（人の売り買い、人身売買、商取引）を検討すると、そこには「遊びのもつアンビバレントな本質的特徴」がある。すなわち、「この遊びは、『選ばれる』ということの晴れがましさと恐ろしさを、何よりもよく、体験させて」くれるということだ（Ibid.：149）。

花いちもんめや子とろ子とろのように、いつの日か、鬼ごっこやかくれんぼも消えてなくなる日が来るかもしれない。

ボール遊び

木登り、まねごと、鬼ごっこ等と並んで、最も代表的な遊びとして挙げられるのが、ボール遊びだろう。ボールを使った遊びは、フリードリヒ・フレーベル（Friedrich Fröbel）が構想した「恩物（Gabe）」が示すように、0歳児の赤ちゃんから、ゴルフやゲートボールを楽しむ高齢者まで、実に幅広い年齢層の人々を魅了し続けている。

ボールは、いかようにも転がり、摑むことができ、投げることができ、蹴ることができ、打つことができ、叩きつけることもできる――ラグビーのボールは回転楕円体（spheroid）であり、その動きは球体の動きとは異なる――。その動きも多様であり、予測もしにくいことから、古今東西、最高の遊び道具として必要とされ続けている。

ボール遊びの楽しさの本質について、ガダマーは毛糸の玉を使って遊ぶ猫の例を引き合いに出して、次のように語っている。

遊んでいる猫が毛糸の玉を選ぶのは、毛糸の玉が一緒に遊んでくれるからであり、ボール遊びが無限に続くのも、いわばそれ自身が思いもよらないことをしてくれるボールのまったく自由な動き（Die freie Allbeweglichkeit des Balles）によるのである。
（Gadamer, 1900=1986 : 111=151）

ボール遊びの醍醐味は、なんと言っても思いがけない、予想不能な「まったく自由な動き」を楽しむことにあるといえる。また、その思いがけない動きに対応することの面白さを楽しんでいるのだろう。猫だけでなく、多くの動物が遊びを楽しんでいることにも着目したい。

ボール遊びは、今後も子どもたちを魅了し続けていくだろう。だが、その一方で、ボール遊びも危機的状況を迎えている。「ボール遊びは危険だ」、「近隣住民にとって迷惑だ」として、「ボール遊び禁止」の看板を掲げる公園や空きスペースも増えている。実際に、「ボール遊び禁止」を記した看板も販売されている[1]。

以上、時代や場所を超えて行われているものの、その存続が危ぶまれている代表的な子

どもの遊びについて概観してみた。どの遊びも、われわれの日常生活に埋め込まれたものであり、改めて考え直すものでもないかもしれない。だが、「なぜ人はこれらの遊びをし続けるのか」と問われると、それに対してきちんとした解答をすぐに提示できるだろうか。

この問いを　更に普遍的なものにすれば、「人はなぜ遊ぶのか」となる。この問いには、「遊ぶことの意味とは何か」という意味への問いも含まれている。このことを問う時、いつも私は、「なぜ生きるのか」「なぜ働くのか」「なぜ学ぶのか」という問いに比べて、「なぜ遊ぶのか」という問いに応じようとする人が少ないことに驚いてしまう。

動物は遊んでいるか

「人はなぜ遊ぶのか」ということを問う前に、「動物は遊んでいるか」ということについて触れておきたい。先述したガダマーの猫のボール遊びの例が示すように、動物も遊ぶ存在として認めてもよさそうだ。SNS時代の今、インターネットの世界では、「遊ぶ動物たちの様子」を映し出した動画が多くの人に視聴されている。動物の遊び研究に関する書物も多数出版されている。

だが、安易に「動物も遊んでいる」と認めてしまってよいものなのか。「遊びは知的・文明的に進化した人類に固有のものであり、動物は遊んではいない」と考える人もいるのではないだろうか。もし動物も遊ぶ存在であるなら、遊びは人間に固有なものではなくなるし、人間の知的・理性的な営みを超えた野蛮な行為ということになり、ますます遊びを下等なものと見なす人が増えてしまいそうだ。

今日の遊び論の礎を築いたホイジンガは、「動物も遊んでいる」ということを強く訴えていた。

遊びという現実は、誰しもが認めるように、人間界と動物界の両方に、同時にまたがっている。そこで、遊びは理性的な結びつきを基礎とし、その上に立脚したものである、とすることはできない。理性に基礎づけられているというのでは、どうしてもそれを人間界だけに限定することになってしまう。遊びというものが現に存在するということは、特定の段階の文明とか、何らかの形の世界観とかに結びつけられることではない。思考能力をそなえた人間なら、かりに彼の用いる言語が、遊びを言い表わす一般的概念語をもっていなかったとしても、遊び、遊ぶという現実を一つの独立的なものとして感じ、すぐ目の前に思い浮かべることもできよう。遊びというものは否定できないのである。（Huizinga, 1938=1973 : 20）

この彼の指摘の中に、「遊びとは何か」を考える上での大きな手がかりが示されている。ホイジンガは、「理性的な結びつきとし、その上に立脚したものとはいえない」として、遊びは理性に基づいていないと指摘している。となると、遊びは理性的な行為なのか、それとも非理性的な行為なのか、ということが問題となる。

もし遊びを理性的な行為とみなすなら、遊びは教育のための手段となり、理性的な人間をめざす教育目標のための方法となり得る。だが、もし遊びを非理性的な行為とみなすなら、遊びは、理性的な人間の形成を目指す教育にとって、有益どころか、むしろ有害な行為となる。おそらくこのあたりが、「遊んでないで」と子どもに言いたくなる親や教師たちのジレンマなのであろう。

もし動物も遊ぶ存在であり、その遊びが本来の遊びとなっているのなら、もはや遊びには教育的価値がないものになるはずだ。「遊びを通じて○○を学ぶ」という決まり文句も単なるキャッチコピーにしかならず、また知育玩具や教育玩具を開発している人たちも「何も遊びに貢献していない」ということになる。

ホイジンガは続けて、このように述べている。

すでに動物の世界でさえ、遊びは肉体的存在の限界を突き破っている。世界は純粋な

> もろもろの力の作用によって決定されているという見方からすれば、遊びとは、言葉の全き意味で過剰なもの、余計なものにすぎないだろう。だが、そういう絶対的決定論をのりこえた精神がそこに流れ込むことによって、はじめて遊びの存在ということが可能になる。つまり、われわれがそれを考えたり、理解したりすることができるようになるのだ。……〔中略〕……動物は遊ぶことができる。だからこそ動物は、もはや単なるメカニズム以上の存在である。われわれは遊びもするし、それと同時に、自分が遊んでいることも知っている。だからこそわれわれは、単なる理性的存在以上のものである。なぜなら、結局、遊びが非理性的なものだからである。(Ibid.:21)

ホイジンガは、遊びを「非理性的なもの」であると言い切っている。ホイジンガは遊びを「非合理的なもの」と考え、「肉体的存在の限界」を超えた、また「理性的存在以上のもの」であると捉えていた。

「ここで遊ぶな」と遊びを禁止する人たちは、もしかしたらそうした遊びに潜む野蛮な「非合理性」や「非理性性」を嫌悪し、「遊び禁止」の立て看板を立てているのかもしれない。

胎児や赤ちゃんは遊んでいるか

では、赤ちゃんはどうだろうか。動物も遊んでいるとなると、赤ちゃんも遊んでいると言えそうであるが、どうだろうか。更に問えば、胎児は遊んでいるのか否か。こうした問いは、近年、積極的に取り組まれているホットな研究テーマになっている。

0～1歳頃の赤ちゃんの「遊び」には、いったいどのようなものがあるだろうか。保育者たちに聴くと、「吊りおもちゃ」「ガラガラ」「マラカス」「こちょこちょ遊び」「高い高い」「新聞くしゃくしゃ」「わらべ歌」「ぎっこんばっこん」「丸玉」など、様々な遊びがあるという。今や、こうした遊びの「方法」については、インターネットですぐに探すことができる時代でもある。ベネッセの公式サイトでは、0歳の月齢に応じた遊びを細かく紹介している(2)。

日本の保育界は「子どもの発達に応じた保育」を好むので、赤ちゃんの心身の発達に応じた「遊び」に関する本もたくさん出版されている。どの本を見ても、3、4歳になると、個々の子どもの好みもはっきりしてきて、5歳くらいになると、子どもたち同士で遊ぶようになる、と書いてある。とりわけ「五感」(視覚、聴覚、嗅覚、味覚、触覚)の発達に応じた遊び(情操教育的なものを含む)が多く考えられている。0歳の保育も同様に、赤ちゃんの感覚の発達に応じた遊びを行うことが主流である。

だが、一つ疑問が浮かぶ。それは、「そもそも0歳児は自発的に遊んでいないのだろうか」ということだ。4、5歳になれば、親や保育者が介入しなくとも、子どもたちは勝手に遊び始めるだろう。幼児たちは、ホモ・ルーデンス、すなわち「遊ブ存在」として、日々遊んでいる。他方で、0歳児の赤ちゃんは、「一人で自発的に遊んでいない」とわれわれは考えてしまいがちだが、本当に遊んでいないのだろうか。更に遡って、胎児は遊んでいないのだろうか。

近年、「赤ちゃん学」という学問分野が急成長している。2001年に「日本赤ちゃん学会」が発足し、2008年には同志社大学に「赤ちゃん学研究センター」が開設された。赤ちゃん学は、「赤ちゃんはいったい何をしているのか」についての科学的な研究を行う分野であり、そのはじまりを「胎児」に見ている。

この赤ちゃん学に基づくと、実はお腹の中の「胎児」も自発的に遊んでいると言えそうなのだ。胎内で、胎児は羊水を飲んで「甘さ」や「辛さ」を味わって楽しんでいることも分かっている（小西、2016：5；小西他、2017：11）。また、子宮内の膜を自ら手で触り、いわば「壁」を触るような行動も見せているようだ。指しゃぶりもするし、子宮内をくるくると動き回ることも確認されている（Ibid.）。胎教として「クラシック音楽を聴かせるとよい」と言われているが、胎児は、そんな音などお構いなしに、母親の体内の血流の音や心音のリズムを楽しんでいるとも言われている。

つまり、赤ちゃんは、産まれた時点で、いや産まれる以前から「遊んでいる」とも言えそうなのである。こちらの大人側が作った「遊び方」で子どもに働きかけなくとも、言わば「勝手（auto-）」に、自発的に真剣に遊んでいる。

一般的には、赤ちゃんは、寝て起きてぼーっとして泣いての繰り返し、とイメージされているが、よく観察してみると、色んなことを自発的に行っていることが分かる。たとえば、服やシーツなどを触ったり、舐めたり、ガラガラを持ったり摑んだりする。目をきょろきょろさせるのもまた「遊び」とも言えなくもない。0歳児の赤ちゃんを眺めていると、色々と「忙しそう」にしているように見えないだろうか。われわれ大人でも、何かをして遊んでいる時、一番嫌なのは、それを邪魔されることであろう。素直でストレートな赤ちゃんであれば、真面目に遊んでいる時にそれを邪魔されたら、耳を劈くような泣き声を上げることだろう。「邪魔しないで！」、と。

そうすると、「遊びとは何なのか」ということが改めて疑問になってくる。遊び道具がなければ、遊びは起こらないのだろうか。われわれ大人が何らかの遊びを提示しなければ、赤ちゃんや子どもは遊ばないのだろうか。

ここで懸念されるのは、「大人側の介入により、遊んでいる子どもの邪魔をしてしまってはいないだろうか」ということである。4、5歳ともなれば、「遊んでいるから、邪魔しないで！」と告げることができるが、0歳～2歳の子どもたちは、そういうことができない。遊びは、大人が子どものために用意するものではなく、「個々の子どもから（と共に）そのつど見いだしていくもの」であり、遊んでいる赤ちゃんからわれわれはその方法を学ばなければならない。さもなければ、大人は赤ちゃんの遊びを台無しにするだけの存在になってしまう。

もし赤ちゃんが自発的に遊ぶことで世界を認識しようとしているとすれば、大人がすることは「危険なもの」を排し、本当に大切なものを与えるだけでよい、ということになる。フレーベル派の幼児教育では、丸くて柔らかいもの（Gabe）を与えるだけで、0歳の赤ちゃんも世界（地球・神）を経験すると考えられている。

いずれにしても、適度に、こちらから能動的に赤ちゃんに働きかけると同時に（それ以上に）、赤ちゃんが自ら行っている動作に受動的に応答することのバランスが重要だろう。というのも、とりわけ「愛着形成（アタッチメント）」という点では、自分の行為を受け止めてくれる人との関係から、「基本的信頼（basic trust）」を獲得し、その基本的信頼の下で、赤ちゃんは世界のあらゆる事象への関心を深めていくと考えられているからである。

遊びの対象と遊ぶことそれ自体

かつての子どもの遊びとはいったいいかなるものだったのだろうか。ジョセフ・ギース&フランシス・ギース（Joseph Gies & Frances Gies）は、13世紀のヨーロッパの子どもたちの遊びについて、次のように述べている。

子供はコマ回し、蹄鉄投げ、ビー玉遊びなどで遊んだ。竹馬にも乗って歩き回った。女の子たちは粘土を焼いて作った人形や木の人形を持っていた。大人も子供も楽しんだのが、陣取り、ボウリング、目隠し鬼などの外遊びである。スポーツも盛んだった。水泳、レスリング、それから初期のサッカーやテニスもあった。テニスにはまだラケットはなく、片手にカバーをかけて球を打った。あらゆる階級の人が闘鶏を楽しんだ。
(Joseph Gies & Frances Gies, 1982=2006 : 96)

13世紀の時点で、すでに人々は原始的な遊びを超えて、コマやビー玉や粘土や木の人形を使って遊んでいたことが分かる。また、前述したボール遊びやスポーツも行われていたことも示されている。

こうした遊びの対象についての歴史的研究はすでに多くなされている。前章で論じた

「おもちゃ」は、まさに遊びの対象であった。人はどんなもので遊んできたのかについての先行研究は膨大にあり、人類史の中で、人は何で遊んできたかということについてはここで語り尽くせるようなものではない。また、ボール遊びのような「対象」はないものの、かくれんぼや鬼ごっこのように「ルール」という言語的な対象を有する遊びもあり、その対象も、「実在するもの」だけでなく、「言語」「表象」「ルール」「コード」といった「抽象的なもの」も考察の対象となる。

だが、ここで重要なことは、こうした歴史的研究をいくら蓄積しても、「人はなぜ遊ぶのか」、「遊ぶことの意味は何か」という問いに答えられるようになるわけではない、ということである。遊びについて考える際、「遊ぶ対象」について論じるのか、あるいは、「遊ぶことそれ自体」について論じるかによって、ずいぶんと方向性が変わってくる。だが、ここで気をつけなければならないことがある。それは、遊びそのものを、遊ぶ主体の意識と混同してはならない、ということである。

遊ぶ対象がなくても遊ぶことはできるか

もし誰かに「何して遊ぶ?」と尋ねられたら、あなたはどう答えるだろうか。その答えには、個々人の間に差があるだろうし、問われた時の状況や状態によっても異なってくるだろう。

この問いかけに対して、「もう遊んでいる。特に何かをしなくても、遊べるから大丈夫」、と答える人がいたら、どうすればよいだろうか。遊ぶためには、遊ぶ「何か」がなければならないのだが、「何もなくても遊べる」と言われたらどうすればよいだろうか。

私が想定しているのは、こういう人だ。「私は、一日中、誰とも話さず、何もせず、窓を開けて、ただ外を眺めているだけで楽しいと感じるし、これも遊びだと思う。特に何か遊ぶものがなくても、遊ぶことはできる。特に欲しいものも遊びたいものもない」、と考えているような人だ。

だが、この人には、何も対象がないわけではない。

この人は窓を開けて、外を「眺めて」いる。その窓の外には、穏やかに流れる空気や風、庭に咲く美しい木々や花々、その匂い、唸りをあげて通り過ぎる車やトラックの音、庭の土の上を忙しそうに走り回る蟻や蟋蟀《こおろぎ》の姿など、様々なものが休むことなく動き続けている。この人は、そうした様々な対象を「眺めて」楽しいのであり、何もしていないのではなく、「何かを眺める」という活動を楽しんでいるのである。

この場合、「心踊る対象」がその人の傍らにあり、その対象が自らに迫ってくるから楽しいのであり、それを遊びと感じるのだが、空気にせよ、風にせよ、匂いにせよ、その対象に楽しさを感じ、その対象と遊び戯れるためには、その眺める主体に「細やかな感受性」や「遊びごころ」や「Childlikeness」がなければならない。

逆に言えば、そういった感受性や遊びごころやChildlikenessがあれば、どんな時でも、どんな場所でも、どんなものとでも、楽しく遊ぶことはできるはずである。

遊ぶ対象と遊ぶ心の二元論を超えて

この「何して遊ぶ?」という問いは、遊びの「対象」への問いである。これは、これまでの玩具研究においても、ずっと問われてきたことだった。カイヨワも、「長い間、遊びの研究と言えば玩具の歴史でしかなかった」と述べており、遊びそのものの研究にはなっていなかった(Caillois、1958=1990 : 111)。

この遊びの対象への問いに対して、「遊ぶ対象を考察するだけではなく、遊んでいる主体の心理的側面も考察の対象なのではないか。遊んでいる人間は、どのような心理状態なのか、遊んでいる人間はどのような感情を抱いているのかを理解しなければならないのではないか」と異論を唱えることもできよう。

近代の遊び論はこうした異論によって展開されてきたと言える。遊び研究がもっぱら心理学者によって発展してきたという事実は、いわれのないことではない。こうした立場を、清水は「主体の意識還元主義」（清水、2004：116）と呼んでいる。

とはいえ、われわれは、日常、遊びを意識したり、遊びについて考えたりしながら、遊んでいるわけではない。遊ぶ対象とかかわり、その対象――たとえばボール――に自分の身を委ねつつ、人は無心で遊ぶのである。ここで、遊びの対象とも、遊ぶ主体の心理的側面とも異なる観点からの考察が必要となる。すなわち、「遊びにおいて、われわれはいかなる経験をしているのだろうか」ということだ。

第3節　子どもたちは学ぶために遊ぶのか？

遊びの危機

子どもは、遊ぶために生きている。歴史的に見ても、地理的に見ても、すべての子どもは、遊びの中で、遊びと共に、遊ぶために生きている。子どもの遊びを禁じている国は、おそらくこの世界に一つもないだろう。遊ぶ対象は、その時代やその地域によって多種多様であるが、遊びそれ自体としては、どの国の子どもたちもさほど違うわけではない。子どもは皆、遊ぶことに「全集中」している。

だが、その事実を否定し、またその事実から目を背け、子どもから遊びを奪おうとする力は、家庭の中だけではなく、社会のあらゆる場において強く作用している。今の日本の遊びの状況を鑑みると、そうした力があちこちで強く働いているように見える。

公園や学校から遊具が次々に消え、路上で遊ぶ子どもの姿も消えた。ボール遊びさえ禁止されるようになってきている。こうした遊びを否定し、遊びを子どもから奪おうとする力に抵抗することは、極めて困難になってきている。公園に設置されているシーソーやジャングルジムを守ることは、今や困難の極みと言えるだろう。

遊びを必要とするのは、子どもだけではない。大人も同じだ。遊びの中で、新たな発見をし、新たな仲間と出会う――この点については第4節で扱う――。しかし、遊びは、今やわれわれの目の前から姿を消そうとしている。

特に2020年に急速に世界中で広まったコロナウィルスCovid-19によって、「不要不急の外出の自粛」というフレーズをもって、あらゆる遊びを控えるよう、強く求められた。その空気に抗える者はほぼいなかった。遊びだけでなく、コンサートも、舞台も、旅行も、ありとあらゆる娯楽活動が〈自粛〉に追い込まれた。ここまでありとあらゆる「自由な行動」[3]が自主的に規制させられたのは、戦後はじめてのことだったのではないだろうか。

その結果、コロナによって、われわれは、「剝き出しの生（nuda Vita）」を守るために、遊びのある生、すなわち「尊厳ある生」を手放すこととなった。それは、「福祉」を意味する英語のWelfareの「well」が取れた状態、つまり、ただ「肉体的」な生き物として生きるために必要な行為だけを繰り返して過ごす（fare）だけの生活を意味する。

公園やグラウンドから子どもの姿が消えた。若者の集まる歓楽街から若者が消えた。映画館も美術館もアミューズメントパークも閉館となり、人が消えた。ライブハウスやコンサートホールにも誰も集まらなくなった。誰も遊ばなくなった。否、誰も遊べなくなった。

このコロナウィルスによる「遊びの総自粛」が人間にどのような影響を与えるのかについては、おそらく10年後、20年後になって明らかになることだろう。ひょっとしたら、この「コロナ禍」で経験した不要不急の外出の自粛は、ひとつの「社会実験」となって、人間が遊ばないことの恐ろしさや危険性をわれわれに教えてくれるかもしれない。

遊びの自明性

遊びとは何かについて論じる際に、注意しなければならないのは、私たちにとって「遊び」は、あまりにも自明のことであり、あまり深く考えていない、ということである。遊びと学びの関連について研究しているアンドレアス・フリットナー（Andreas Flitner）は、「人間とは遊ぶ存在である（Homo ludens —— der Mensch ist ein Spieler ——）」ということを確認しつつ、次のように指摘している。

> 子どもの遊び（Kinderspiel）は、古今東西、あまりにも際立った現象であるがゆえに、はるか昔からそれを人々は［わざわざ］認知する必要さえなかったと言えよう。（Flitner, 2002 : 13）

子どもの遊びを考える際に、われわれはこのことを常に念頭に置いておく必要がある。というのも、遊びというのは、そもそもわれわれにとってあまりにも自明のことであり、それを反省的に捉えるということをしていないからである。木登りであれ、水泳であれ、ごっこ遊びであれ、ままごと（飯事）であれ、鬼ごっこであれ、ボール遊びであれ、ブランコであれ、シーソーであれ、それらはいずれもあまりにも自明のことであり、そしてあまりにも日常的なものであるので、それが人間にとっていったい、いかなる意味があるのかを問うこと自体が元来必要のないことだった。

ゆえに、「遊びとは何か」を考えることは、逆に難しいのである。というのも、未知のものや目新しいものについてはあれこれと語ることが容易にできるが、身近で当たり前のものであればあるほど、それを言葉にすることがますます困難となるからである。

遊びの暫定的な定義

遊びとは何かと問われると、どうしてもその答えを導き出したくなる。これまでの遊び論においても、遊びとは何かについての定義をしようと試みられてきた。そのもっとも有名な遊びの定義は、ホイジンガによる次の定義であろう。

遊びとは、あるはっきり定められた時間、空間の範囲内で行われる自発的な行為もしくは活動である。それは自発的に受け入れた規則に従っている。その規則はいったん受け入れられた以上は絶対的拘束力をもっている。遊びの目的は行為そのもののなかにある。それは緊張と歓びの感情を伴い、またこれは「日常生活」とは、「別のもの」という意識に裏づけられている。(Huizinga, 1938=1973 : 73)。

この定義では、自発性、規則性、遊びの目的、緊張と歓び、非日常性が示されているが、これまでの本書での考察を踏まえると、少し物足りない。これに「自由」を加えても、やはり少し物足りない。そこで、暫定的に、子どもらしさ(Childlikeness)やキッズビジネス的な視点を取り込んだ遊びの定義を試みたい。

遊びとは、日々の日常生活を過ごすために必要不可欠な諸活動(定められたルーティン的な労働や家事や習慣等)以外の非理性的な活動であり、誰にも命じられておらず、その活動が当の本人に「楽しさ」「喜び」「満足」「高揚感」「爽快感」「わくわく感」等を与え、「反復欲」や「探求心」や「好奇心」を強く呼び起こすものであり、常に「偶然性(偶発性)」「予測不可能性」「リスク」「非合理性」「あてどなさ」を孕んだ自由へのあてどなき行為である。ただし、労働や家事や習慣にも、この遊びの要素を持ち込むことは可能である。

この暫定的な定義は、この議論の末に修正される部分も出てくると思うが、ひとまず遊びをこのように規定して、話を先に進めていきたい。

遊びを通じて学ぶものとは何か

遊びの定義を暫定的にしてみたが、これはあくまでも「通過点」に過ぎない。遊びとは何かについては、もっと深く具体的に、そして根源的に、問い続けたい。

そこで、遊びを「学び」との関連において考えていくことにしたい。子どもたちは遊びを通じて、いったい何を学んでいるのか。フリットナーは、こう述べている。

子どもたちがまずもって遊びにおいて学ぶのは、——遊ぶことである（Kinder lernen beim Spiel in erster Linie - spielen)。そして、子どもたちの最も初期の生の表出から、子どもと大人の文化の十全な参加に至るまで、彼らは遊びを習得し、遊びに取り組むのである。(Ibid.:195)（4）

フリットナーは、遊びの目的を、他の何かのためではなく、遊ぶことそれ自体に求めている――これが、ホイジンガ以降の遊び論の大前提となっている――。

子どもたちは、何か別の目的――主として社会にうまく順応することや知性の発達を促すこと――のために学ぶのではなく、遊ぶことそれ自体を学んでいるのである。いわば「遊びを通じて、遊ぶ人間になっていく」と言ってよいかもしれない。だからこそ、賢明な大人たちは、子どもたちに単に「遊具」を与えるだけでなく、「よく遊べ」と命ずるのであろう。この命令には、「遊べない大人・遊びのない大人になってほしくない」という賢明な大人たちの願いが込められている。

このフリットナーの「遊びにおいて学ぶのは遊ぶことである」という指摘は、子どもにかかわる大人たちへの反省を求めている。

だが、教育や保育の世界では、「遊びを通じて○○を学ぶ」や「遊びによって育ちを促す」といったフレーズが飛び交っている。一見、なんの問題もなさそうなフレーズだが、「遊びを通じて」「遊びによって」というのは、手段であり、目的ではない。目的は、「学び」や「育ち」になっている。遊びは、その学びや育ちのための「手段」でしかない。

こうした捉え方をフリットナーは回避する。彼は少し言葉遊びっぽくなるが、「遊ぶことで学ぶのは、遊ぶことだ」と言っているのだ。つまり、遊びというのは、学びの手段ではなく、学びの目的なのだ、と。子どもたちは、遊ぶために学び、遊ぶために育ち、遊ぶために遊ぶのである。木登りにしても、水泳にしても、鬼ごっこにしても、それらはどれも、「遊ぶことを学ぶ」ために遊んでいるのである。

このことは、さかなクンの『一魚一会』によく示されているように思う。

さかなクンは、「トラック」にせよ、「妖怪」にせよ、「タコ」にせよ、なんにせよ、自分が興味を抱いた「もの」を遊ぶために、図鑑を見たり、図書館に行ったり、実際にタコを獲りに行ったり、それを育ててみようとしたりしていた。母が買ってくれた魚がいっぱいの下敷きを見て、「ウマヅラハギ」に「一目惚れ」した時のことを、彼はこう振り返っている。

> 翌日、その下敷きをさっそく学校に持っていきました。その日は一日中、授業なんてそっちのけで授業中も休み時間も、下敷きのウマヅラハギの写真を眺めては、ひたすらノートに絵を描いて過ごしました。完全に、頭の中はウマヅラハギで埋め尽くされていました。（さかなクン、2016：49）

さかなクンは、「授業中」も「休み時間」もそっちのけで、写真を眺め、ノートに絵を描いていた。そして、そのウマヅラハギと運命的な出会いをする。

彼は、「勉強」をせずに、遊んでいた。学ぶためにではない。遊ぶために遊んでいたのだ。しかも、その遊びを深めるために、そのウマヅラハギのことを徹底的に学んだのである。放心状態になって、ウマヅラハギを「見つめ」、「手に持って」、「手に乗せ」、「ぎゃあ、かわいい」と大興奮し、以後、「ひたすらウマヅラハギの絵を描く」日々を過ごしたという。そして、このことによって、彼は、「お魚ライフ」へと突き進んでいったのである。これ以上に豊かでダイナミックな学びは他にあるだろうか[5]。

また、このさかなクンの事例で注目すべきは、「完全に、頭の中はウマヅラハギで埋め尽くされていた」という点だ。これを、教育学者の高橋勝は「没入できる幸せ」と呼んでいる。

> 泥だんごを作ると、手が器用になる。誰かと一緒に作ると社会性が発達するといわれます。そういう有用性の基準で遊びを分析すると、今度は発達の度合いが問題になり、どの子が一番発達したのかという見方に陥りがちです。しかし、遊びは、それをやっていくことが幸せであり、それに取り組んで没入していることが幸せなのだと私は思

います。大人が失ってしまったものを、子どもはしっかり身につけている。つまり便利さとか、有用さではなく、それに没入できる幸せです。（高橋、2006：114）

フリットナーの「遊びにおいて学ぶのは遊ぶことである」という命題にこれを加えれば、「遊びにおいて学ぶのは、何かに没入してただただ幸せを感じることだ」となるだろうか。それは、大人が失ったものだと高橋は言うが、その没入する幸せを失っていないささかなクンのような大人もこの世にまだまだ存在すると信じたい。

遊びの類型

では、遊びにはどんなタイプがあるのか。このタイプの分類もまた、これまでの遊び論の中の基礎的な問いである。

すでに遊びをいくつかのカテゴリーに分類しようという試みもある。その中で、最も有名で代表的なのは、ロジェ・カイヨワ（Roger Caillois）の以下の四タイプであろう。すなわち、①アゴン（agon=competition）、②アレア（alea=chance）、③ミミクリー（mimicry=simulation）、④イリンクス（ilinx=vertigo）である。

①のアゴンは、「競争」、「競技」、「試合」に基づくスポーツ的な遊びのことで、具体的

には、サッカー（Fußball）やビリヤード（Billard）、チェス（Schach）などが挙げられるが、子どもの小さな小競り合いやかけっこのようなものもアゴンである（Ibid.:32）。

②のアレアは、もともと「サイコロ遊び」、「賭け」を意味する語で、「運（Glück）」や「偶然性（Zufall）」に挑む遊びである。たとえば、ルーレットやクジ（福引）などがアレアである。アゴンと異なり、自力ではどうすることもできないような運や偶然性に左右される遊びを指す。トランプやすごろくやガチャガチャなどはアレアの遊びと言えるだろう。何が起こるか分からない楽しさがある。大人にとってのアレアとしては、麻雀、競馬、カジノ、パチンコといった賭け事や勝負事が挙げられるだろう。

このアレアでめざされているのは、アゴンと同様に、基本的には「勝つこと」である。ホイジンガも、「遊びと最も密接に結びついているのが、勝つという概念である」と指摘している（Huizinga, 1938=1973:119）。だが、単に勝つことだけが目指されているわけではない。カイヨワは、勝つこと以上に「大事なことは、礼儀において敵に立ちまさり、原則として敵を信頼し、敵意なしに敵と戦うことである。更にまた、思いがけない敗北、不運、宿命といったものをあらかじめ覚悟し、怒ったり自棄になったりせずに、敗北を甘受すること」であると言う（Caillois, ibid.:24-25）。負ける経験もまた、遊びに密接に結びついているのである。遊ぶ人たちは、遊びの中で、何度も勝ち、そして何度も負けるのである。この負けを何度も繰り返すことで、遊ぶ人たちは次第に強くなっていくともいえるだろう。「負けるが勝ち」というのは、「負けることを繰り返すことで、勝ち負けを超えた本当に強い人間になっていく」、という意味で理解すべきかもしれない。更には、アレアは、アゴンと違い、勝ち負けを競っていない、という考えもある。「遊戯の起源」に迫った増川によれば、「さいころは出る目が予測できないことから神の意志の表れとされたが、偶然性を遊びに採り入れて人間独自の遊びを創り出した」ことを指摘しつつ、「人類の遊び」の大半は〝競わない遊び〟であった。原始共同体の時代から「遊びとしかいい表わせない行為」は〝競わない遊び〟であった（増川、2017：284-288）。

③のミミクリーは、「仮装」や「変装」や「役割交換」など、「模倣」、「真似」、「擬態」、「なりきり」などに基づく遊びのことである（Caillois, ibid.：32）。子どもの遊びで言えば、ごっこ遊びやままごとや変装ごっこなどがミミクリーの遊びであろう。また、話しかけるとその言葉を繰り返してくれる「ミミクリーペット」は文字通り、真似や役割交換を楽しむ遊具である。大人の世界では、演劇や舞台や映画などがミミクリー遊びと言えよう。また今日では、「コスプレ」や「ハローウィン」がまさにミミクリーの代表例と言えるだろう。

④のイリンクスは、「揺れ（Schwünge）」や「回転―（Rotations-）／落下運動

(Fallbewegungen)」等によって、忘我状態や低迷状態(Zustand des Außersichseins oder des Rausches)に陥る遊びである。イリンクスの本来の意味は、「めまい(Scwindel)」、「酔い(Rausch)」であった(Ibid.)。回転ジャングルジムやメリーゴーランドのような回転遊びや、ブランコやターザンロープ、ジェットコースターや飛込競技、ダンス、スケート、スキー場での滑降などがイリンクスの遊びとなる。カイヨワ自身、この「めまい」を、遊びの中で最も強固で具体的なものと考えていた(6)。また、仙田も、「私が十五の遊具におけるこどものあそびの観察調査を行った結果、イリンクスのあそびは遊具における特長的なものである事がわかった」と記し、イリンクスを楽しむ遊びを「めまい的あそび行動」と呼んだ(仙田、1983:186)。

だが、カイヨワ自身も最も強固で具体的なものと捉えていたこのイリンクスこそが、現代社会において最も排除されているようにも思われる。高橋も、われわれの社会の変化と共に、「実際に模倣や『めまい』を体感できる子どもらしい遊びがどんどん消えていきました」と語っている(高橋、2006:115)。

このカイヨワの四タイプに執着する必要はないが、様々な種類の遊びがあり、安易に一義的に狭く遊びを捉えてはいけないということは理解しておきたい。今もなお、遊び論では必ずこのカイヨワの四タイプが挙げられており、そこから議論が始まっている。

	アゴン AGON 競争	アレア ALEA 運	ミミクリー MIMICRY 模倣	イリンクス ILINX 眩暈
パイディア				
↓	競争		子どものモノマネ	子どもの「回転
〔幼稚な遊戯〕	闘争 } ルールなし	鬼決め歌	空想遊び	遊び」・「ぐるぐる
騒ぎ	など	表か裏か遊び	人形遊び	遊び」
興奮	陸上競技		おもちゃの武器	乗馬・木馬
バカ笑い		賭け	仮面	ブランコ
	ボクシング	ルーレット	仮装・変装	ワルツダンス
凧揚げ	ビリヤード			
ソリティア	フェンシング			ボラドーレス
ペーシェンス	チェッカー	単式くじ		（ヴォラドレス）
クロスワード	サッカー	複式くじ		
パズル	チェス	繰越くじ	演劇	スキー
↑			ショー全般	登山
ルードゥス	スポーツ競技全般			綱渡り・サーカス
〔遊び・競技〕				

表４　遊びの類型とその内容

（Caillois, 1958 ＝ 1971：110 より筆者が作成）

また、この四つの遊びには、それぞれ「ルードゥス」の遊びと「パイディア」の遊びと「堕落」の遊びがある、とカイヨワは指摘しつつ、その全体像を表４のように表している。

遊びは、われわれに単に生命維持のために生きること以上の何かをもたらしてくれている。これは、遊び論のパイオニアであるホイジンガも『ホモ・ルーデンス』の中で繰り返し指摘していたことだった。

競い合うことを遊ぶことも、偶然性を遊ぶことも、なりきることを遊ぶことも、めまいや落下を遊ぶことも、たとえそれらがなかったとしても、われわれは生きていくことはできる。生命の維持や存続――ないしは社会的成功や資産や財の増幅――だけを考えるならば、われわれは遊ばなくても生きていくことは可能であるし、危険を伴うイリンクスの遊びは、むしろない方がより安全に生きていくことができるはずだ。

それにもかかわらず、遊びが途絶えることはない。子どもたちは、それでも遊ぶことを止めない。子どもたちだけではない。大人たちもまた、これまでずっと遊びの中で遊びと共に生きてきたし、今もこれからも遊びと共に生きていくのである。

遊ぶことそれ自体の意味

では、なぜ人は遊ぶことを止めないのか。「生命の維持活動」と「遊び」はいったいいかなる関係にあるのか。この両者は対概念なのだろうか。生命の維持や社会的成功と遊びは単に対立するだけなのだろうか。

伝統的な遊び論においては、常にこの生命の維持活動と遊びが対比的に描かれてきた。生命維持の中心にあるのが「労働（Arbeit）」である。遊びは、労働に代表されるような生命維持活動以外の余剰に過ぎないのか、それともそれ以上の意味ある行為なのか、と。ホイジンガの『ホモ・ルーデンス』は、まさに生命維持活動以上の意味を見いだそうとした書であった。

ホイジンガは、この書の冒頭で、この生命維持活動を「純生理学的な現象」「純生物学的な行動」「純粋に肉体的な活動」と呼び、またそうした純生理学的・純生物学的な現象を人間以外の生物にも認めつつ、こう記している。

われわれは早くも、ここで非常に重要な一つの論点に注意しなければならない。それは、遊びというものは最も素朴な形式のそれ、動物の生活のなかのそれであれ、すでに純生理学的な現象以上のものであり、また純生理学的に規定された心的反応以上のものである、ということである。遊びというものは、純生物学的な行動の、もしくは少なくとも純粋に肉体的な活動とでもいうものの、限界を超えている。すなわち、遊びは何らかの意味をもった一つの機能なのである。（Huizinga, 1938=1973 : 16）

ホイジンガは、遊びを単なる純生理学的な現象を超えたものとして捉え、そして、「遊びのなかでは、生命維持のための直接的な必要をこえて、生活行為にある意味を添えるものが『作用し』ているのである」、と記している（Ibid.）。

先に、「子どもたちがまずもって遊びにおいて学ぶのは遊ぶことである」と述べた。ホイジンガに基づけば、子どもたちは、あらゆる遊びを通じて、生命維持のために必要なことではなく、その生命の生活行為に意味を添える何かを学んでいるのである。

では、遊ぶことを通じて、子どもたちは実際に何を学んでいるのだろうか。子どもたちは遊びを学ぶことで、いかなる意味を自身の生活行為に与え得るのだろうか。

ヴァルター・ベンヤミン（Walter Benjamin）は、遊びによってもたらされるものについて次のように記述している。

> こどもにとって繰りかえし（Wiederholung）が遊びの基本であり、「もう一度（noch einmal）」というときがいちばん幸福な状態である、とわたしたちは知っている。…［中略］…「かのようにふるまう（»So-tun-als-ob«）」のではなく、「何度も繰りかえしやる（»Immer-wieder-tun«）」こと。このうえなく心をゆさぶる経験（erschütterndste Erfahrung）が習慣（Gewohnheit）へと転じること。それが遊びの本質である。（Benjamin, 1969=1981 : 63-64）

ベンヤミンは、「かのようにふるまう」を否定し、「繰りかえし」という所作に遊びの基本を見ている。子どもに絵本を読んだ後、「もういっかい、よんで！」と嬉しそうに読み手に催促してくる子どもの幸せに満ちた笑顔を思い浮かべたい。また、ベンヤミンは、

「かのようにふるまう」というミミクリー的な模倣や真似事にではなく、「何度も繰りかえしやる」という点に着目し、「心ゆさぶる経験（ショックや衝撃など）」が「習慣」に転じることに、遊びの本質を見ている。

たとえば、食べることや眠ること、服を着ることや手を洗うことも、「歌のリズムにあわせ、あそびのように接種しなくてはならない」し、また、「あそびという姿で、習慣は人生に登場する」（Ibid.:65）、と。ベンヤミンは、ここで「あそびを通じて」とは言わず、「あそびのように」と記している。つまり、遊びのように何かに没入して心をゆさぶる経験をすることで、子どもたちは、日常の「習慣」を身につけていくのである。それに加えて、「心をゆさぶる経験」を習慣的に求める習慣を身につけていくとも言えるかもしれない。

ただし、ベンヤミンのいう「習慣」は、単なる「機械的な反復」ではない。今井康雄は、このベンヤミンの指摘について、こう述べている。

遊びにおけるこの反復は機械的な反復ではない。同じことが繰り返されるとしても、それはまったく新しいものとしてなされるのだ。同じものが新たなものとして「もう一度」始められうるという点に、ベンヤミンは遊びの喜びを見ていたと言える。（今

井、1998 : 98）

この指摘を踏まえると、子どもたちは、「また遊んでいる」のではなく、「もう一度（最初から）遊んでいる」のである。「また」ではなく、「もう一度」という視点が重要だ。

また、何度でも繰り返し「もう一度」行うことが可能となるのは、衝撃的な心ゆさぶる経験があるからであり、そこに、楽しさやワクワクがあるからである。そうした心を揺るがすような遊びがなければ、人は、食べることであれ、眠ることであれ、なんであれ、生きた習慣にはならない。人が生きていく上で必要なもろもろの習慣も、単に強制的に無理やり身につけさせるのではなく、遊びという姿で、子どもが「もーいっかい！」と思うような仕方で、何度も繰り返し行いながら身につけていくほうが楽しいし、また心地よい。ここに、遊びと子育てや教育との深いつながりがあるようにも思うし、また、遊びもまた「生命の維持活動」や「生き続けるために必要な活動」として語られてよいのではないだろうか。

冒頭で「子どもは、遊ぶために生きている」と述べたが、少しだけ訂正したい。「子どもは、遊ぶために生きるが、また、生き抜くためにこそ遊ぶのだ」、と。人は、この社会の中で、この世界の内で生きていかなければならない。そのために必要なことを学ぶ上でも、人は幼い頃に何度も繰り返し遊びに没入し、何度も心を揺さぶられる経験をすることが不可欠なのだ。

「危険だから」と言って、公園や広場からブランコやシーソーやジャングルジムを撤去してしまう理由も分からなくはない。だが、なぜ——大人から見ると「危険だ」と思われるような——ブランコやシーソーや回転ジャングルジムが子どもたちに愛され続けているのか、なぜ子どもたちの心を惹き付けてしまうのかの理由を考えてみる必要もあるのではないだろうか。何度も繰り返しブランコやシーソーに乗って遊ぶ子どもたちのあの喜びと興奮に満ちた——と同時に不安そうな——顔を思い浮かべてほしい。

遊びにおける「あてどなさ」

ベンヤミンとは異なる視点で、遊びの本質を描いたのが、すでに何度も取り上げているガダマーである。彼は、『真理と方法』の中で、遊びの根源として「あてどなさ(hin und her)」を挙げている。

いわゆる比喩的な意味を重視しながら、遊び(Spiel)という言葉の用法について考えてみると、そこから出てくるのは、この言葉が光の戯れとか、ボールベアリングの中の部品の遊びとか、四肢の調和した動き、力の運動、蚊の戯れ、そればかりか言葉遊びなどの形で使われることである。この場合意味されているのは、どこで終わるか目標のはっきりしない、あてどない往復運動である[7]。(Gadamer, 1960=1986 : 148)

このあてどなさは、「行ったり来たり——勝ったり負けたり」という意味をもつ。彼がここで想定している遊びは、スポーツやチェスや将棋といった「競技」(Gadamer, 1960 : 111) である。この競い合いは、遊びの基本的特徴と考えてよい。

だが、勝ち負けが予め決まっている場合、それは競技ではない。誰が勝つか分からない、いつ負けるか分からない、そうした状況において、はじめて遊びは遊びとなる。こうした競技には、遊ぶ対象の他に、競い合う相手が必要である。「遊びであるためには、…［中略］…遊ぶ者の遊び相手、すなわちその一手に対して、自ら逆襲する別のものがいつも存在しなければならない」(Ibid.)。

ここで、遊びの基本的構造が見えてくる。つまり、「遊ぶ者」、「遊ぶ対象」、「遊び手を逆襲するもの」という三つの要素からなる構造である。

この遊び手を逆襲するものは人間でなくてもよい。ガダマーの例で言えば、蹴鞠で遊ぶ猫は、蹴鞠という対象でもって、そのあてどない動きを遊ぶのである。猫には、蹴鞠がどこへ行くのか分からない、それゆえに、猫は繰り返し蹴鞠を転がすのである。つまり、猫は、「いわばそれ自身が思いもよらないことをしてくれるボールの全く自由な動き」(Ibid.) を遊ぶのである。この「思いがけなさ」は、非常に示唆的な言葉である。彼はこれを「リスク (Risiko)」と呼ぶ (Ibid.)。リスクのない遊びはないのであり、そこには常に冒険がある。

あてどない動きや運動、どうなるか分からないリスク、誰にも先が読めない不確定要素など、遊び手を襲撃する別のものがいつも存在するからこそ、われわれは遊びに夢中になるし、専心没頭するのである。そんな「われわれ自身の意思の及ばない領域」、「どうなってしまうのか分からない領域」に到達してはじめて、われわれは本当の意味で遊ぶのだ。これは理想論ではない。われわれは、常にすでに「自分の意思や認識の及ばない領域」を欲し、その世界を生きている。だからこそ、将棋にせよ、オセロにせよ、テレビゲームにせよ、スポーツにせよ、いずれの場合にも、われわれは、こうしたあてどなき状況に身をさらし、結果がどうなるか分からない中で、何度も繰り返し本気で、「もう一回!」と、遊び続けるのである。

第４節　遊びのある悪口と遊びのない悪口

子どもたちから消える遊びのある悪口

前節において、「子どもから遊びを奪おうとする力は、家庭の中だけではなく、社会のあらゆる場において強く作用している」と述べたが、大人たちが奪おうとしているのは、かつて公園にあったブランコやシーソーやジャングルジムだけではない。子どもが日々口にする「遊びのある悪口」もまた奪ってきたのである。

今や、子どもの悪口は瀕死寸前であると言っても過言ではないだろう。この危機に直面して、問題となるのは、子どもの悪口の内容というよりはむしろ、子どもの悪口が消えてなくなっている事実の方である。

どういうことか。悪口を改めて考えてみると、悪口には実は非常に遊ぶ人間の存在の根源にかかわる肯定的な意味が潜んでいるのである。この問題を考える上で、「現在の子どもたちはどんな悪口を使っているのか」、また、「かつてはどんな悪口が使われていたのか」、ということについて考えてみるのも無駄ではないだろう。もちろん、悪口をすべて肯定したい訳ではない。また、差別やいじめを助長したいわけでもない。本書では「悪口」を通じて遊びの変容を示したいのである。

最近の子どもや若者たちはどんな悪口を使っているのか。また、相手を罵倒する時にどんな悪口を吐き捨てるのか。その最も代表的な悪口は、概ね以下の四つに絞られる。

①うざい（例：オマエ、マジ、ウゼエ）
②きもい（例：超キモイんだけど）
③むかつく（例：アイツマジムカツク、①と併用することも多い）
④しね（あるいは「氏ね」。「きえろ」と併用することも多い）

この四つに加え、古典的な悪口である「バカ」や「アホ」もまだ残されているが、この言葉もいつまで使うことができるのかは不明である。今や、教師が「バカ」「アホ」と子どもに向かって言おうものなら、懲戒処分となってしまう時代である。

「うざい」「きもい」「むかつく」「しね」の四つは、徹底的に大人側が子どもから悪口を奪い取った結果として、かろうじて残された子どもの悪口を象徴する「剝き出しの言語」ではないか、かつてはもっと遊び心満載の豊かな悪口が使われていたのではないか、という仮説の下で議論を進めていく。

遊びのない悪口

この四つの悪口の特徴として、非常に「直接的」であり、「相手の急所や弱点を攻撃するのではなく、自分の感情を端的に表現しているだけ」という点に着目したい。当然ながら、「言語」を使用している以上、本来的には「直接的ではない」のだが、遊び（ミミクリー）の要素を欠いた言葉であるという意味で、直接的で生々しいのである。

①の「うざい」は、「うざったい」という俗語の省略形であり、「ごちゃごちゃしていて煩わしいさま」をいう。また、「憂さ」（つらいこと）や、「憂さ晴らし」という言葉とも関連しているとも言えなくもない。本来は、「鬱陶しい」を意味する東京多摩地区の方言だったという説もある。この言葉は、周りからあれやこれやと言われたことに対して抱く感情・感覚の言語化されたものと考えてよいだろう。この言葉は、自分の身体的感覚を表現しているに過ぎないのである。

②の「きもい」も、①と同様、「きもちわるい」という自分の身体感覚を表現する言葉と考えてよいだろう。この場合、相手そのもののことを「きもちわるい」と規定していると解釈することもできるが、そうではなく、自分の「きもちわるい」という感覚を単に表

現していると捉えることもできる。いずれにしても、この悪口もまた、非常に直接的で、自分の感情を表現しているに過ぎない遊びなき言語である。

③の「むかつく」も、文字通り、「むかむかする」、「吐き気をもよおす」という自分自身の感覚を表現する言葉であり、一見相手を何かに喩えて攻撃する言葉のようにみえて、実は自分の身体感覚の言語化を行っているに過ぎない。

④の「しね」は、かなり直接的であり、これ以上の発展がないほど究極な表現であるものの、「死んでくれ」というこちら側の身勝手な願望を言い表しているに過ぎず、相手を比喩的に攻撃する悪口になっていない。しかも、命令形になっているので、更にたちが悪い。「きえろ」も同様である。

以上、代表的な現代の悪口を反省すると、今日の子どもたちの悪口は、「攻撃性」、「誹謗性」、「抽象性」、「比喩性」を含んでおらず、むしろ、「自分自身の身体感覚や願望の単なる表出」に成り下がっているということに気づかされる。しかも、自分の直接的な感覚や感情を表現しているだけで、なんの知恵もなんのひねりも含蓄もない。つまり、遊びがないのである。

遊びのある悪口

だが、本来、子どもたちの「悪口」は、相手のことを遠回しに攻撃し、比喩的に誹謗する言葉であったし、また、文字通り相手の評判を落とす「悪い言葉」でなければならなかった。「クソ」というのは、まさに「糞＝うんち」のことであり、悪く言いたい人間を「うんち」という嫌な言葉でラベリングする営みであった。また、「阿呆」も、「愚かである」という意味をもっており、相手のことを見下して、「愚か者」と相手を低評価する営みだった。バカの「馬鹿」「莫迦」は当て字であり、サンスクリット語（moha＝無知）に由来しているとも言われているが、その日常的な意味は、「おろかなこと」、「取るに足らないつまらないこと」という意味であり、これも「相手＝おろかでつまらないヤツだ」と評価する働きをしているのである。

遊びの要素を含んだ悪口は、アゴン的でミミクリー的な悪口である。本来の悪口は、相手への攻撃でなければならず、同時に相手からの攻撃を受けることを前提としており、闘技的なコミュニケーションであったはずだ。今日、こうした闘技的な悪口の言い合いをアゴン的に再現しているのがヒップホップ界で行われる「ビーフ（Beef）」であろう。ビーフは、音楽に合わせてラッパー同士が互いに罵り合って（ディスって）勝ち負けを競う音楽バトルである。

また、悪口が悪口として存立するためには、相手を「悪いもの」に喩えなければならなかった。たとえば「ピーマン」というのは、「自分が嫌いなもの」、「中身がなく、からっぽであること」を意味している悪口であり、相手への攻撃性と比喩性を同時に含んでいる。「なす」は、辞書的には「とんま」、「おたんちん」と同義語であり、そこに「おたんこ」という接頭辞が付いて「おたんこなす」という言葉が派生した。「とんま」は、「のろま(鈍間)」、「まぬけ(間抜け)」という意味であり、「おたんちん」も「まぬけ」という意味である。「のろま」は、鈍感で気が利かないという意味である。また、まぬけは、「間が抜けたこと」、「することなすことにぬかりがあるさま」という意味である。また、「たわけもの」(先祖から受け継いだ土地を売りさばいてしまうならず者)や「どざえもん(土左衛門=水死体)」といった悪口も、攻撃性と比喩の要素を含んでいる。「表六玉」は、まぬけな亀を喩えた悪口で、これらはどれも、自分の感情や感覚を示すものではなく、相手を遠回しに比喩的に攻撃する言葉なのである。

遊びの要素を含んだ悪口の豊かさ

かくして、かつての悪口は、相手の弱点や劣った点を比喩的に遠回しに攻撃する言葉であった、ということが分かってくる。とりわけ身体的に際立つところは、すべて悪口として成り立っていた。「ハゲ」、「ジャリッパゲ」、「ハゲちゃびん」、「ちび」、「でぶ」、「ぶす（附子）」、「オカチメンコ」、「ぱんち」、「出っ歯」、「団子鼻」、「手長ザル」、「短足」といった相手の身体的特徴を表す言葉が多く存在した。「タコ」は、「禿げ頭」という意味の悪口で、「ハゲ」よりも抽象的で婉曲的で間接的で比喩的な悪口であったし、「ぶす」というのは、猛毒で知られるトリカブトの根（附子）からきた言葉で、極めて婉曲的で比喩的な悪口であると言えるだろう――「顔が悪い」という悪口と「トリカブトの根」という悪口のどちらが果たして非道徳的であろうか――。また、「オマエのかーちゃん、デ～ベ～ソ」という悪口は、自分の身体ではないが、母親の「へそ」を罵る悪口であった。

また、先ほどの「ピーマン」のように、自分の嫌いな食べ物や動物などをそのまま使用する悪口もある。「バカにんじん」、「なす（呆け茄子）」、「どてかぼちゃ」、「もやし（もやしやろう）」、「ゴミ」、「さる（メガネザル）」、「ゴリラ」、「チキン」、「毛虫（ゲジゲジ）」、「ゴキブリ」、「カバ」、「ネズミ」、「ハイエナ」などである。「泣き虫　毛虫　はさんですてろ」という捨て台詞には、多くの含蓄がある。また、嫌いな人間やその人間の属性や職業や身分を喩えて、「ルンペン」、「こじき」、「ぼんくら」、「脳足りん」、「いかれぽんち」、「大馬鹿三太郎」、「抜け作」、「ねしょんべん小僧」、「しみったれ」、「頓珍漢」、「あんぽんたん」といった悪口も豊富にあった。「ちんどん屋（東西屋）」という悪口もあった。ちんどん屋は、ラジオやテレビのない時代に、音楽や派手な衣装で人に情報を告知する重要な広告代理の仕事であったが、子どもたちはこれを悪口として使っていた。

　このように、子どもの悪口には、膨大なバリエーションがあり、しかも、自分の身体感覚や感情や願望を表出するだけの「うざい」や「きもい」や「しね」とは異なり、相手の特徴や弱点を攻撃的に且つ比喩的に——またシンボリックに——示すような生き生きとした言葉となっており、しかも、常に反撃や反論の可能性が残されているのである。「バカ」と言われれば、「アホ」と返せばよい。「ハゲ」と言われれば、「とんま」と返せばよい。つまり、悪口には、アゴン的な遊びの要素が内在していたのである。

遊びのない悪口の冷酷さと不気味さ

　だが、今日の悪口は、「（私は）オマエにむかつく」、「（どこがどうキモイのか言わないまま）私にとってあなたはキモイ」、「うざい（と私は思う）」、「死ね（と私は願望する）」という一人称的でモノローグ的な悪口になってしまっている。その際、これらの悪口は、「言う側にとっては一番具体的であるが、言われる側にとっては最もあいまいである——漠然としている——」ということに着目したい。

　かつての悪口は、言う側にとっても言われる側にとっても「間接性」があり、双方に言葉を紡ぎ出し、相手に言い返すだけの余地があった。「バカ」と言われれば、「くるくるパー」と返し、「とんま」と言われれば、「短足」と返すことができた。また、「短足」と言われれば、「でくのぼう」と応戦することができた。それに、こうした悪口は部分的なものが多いので、修正することができる。「ピーマン」という悪口で中身がスカスカだと指摘されたなら、中身のある人間を目指せばよいし、「鼻たれ」と言われたなら、鼻をかむ習慣を身につければよい。遊びのある悪口には、反論可能性や修正可能性が多分に含まれていた。

しかし、「むかつく」、「きもい」といった自身の身体感覚の端的な表出になると、言い返す言葉が出てこない。また、相手が自分の何がどうむかついているのか、何がどうきもち悪いのか、ということを話してもらわなければよく分からない。しかも、「オマエのことがムカつく」という悪口は、部分否定ではなく、全否定になっているので、言われた側は反論も修正もできず、自分の存在のすべてを否定されたと感じることになる――故に、かつての悪口以上に不気味であり、相手を苦しめることができるという皮肉な結果をもたらしている――。

間接的で攻撃的で比喩的で且つアゴン的でミミクリー的だった悪口は、次々に子どもの口から消えていくことになる。この変化の背景として、「言葉がとぼしくなった」や「言葉が貧困になった」と子どもの側にその原因を求めることもできるかもしれないが、大人の側が子どもや子どもを取り巻く環境から、そうした数々の悪口を奪い取ってきたことも自覚する必要があるのではないか。

もちろん、「相手を傷つける言葉を使ってはいけない」、「相手の身体的特徴を言ってはいけない」、「差別的な悪口は言ってはいけない」、「人の身分や地位を悪く言う言葉は使ってはいけない」という要請自体は間違ってはいない。だが、その代償として、残された悪口が自身の感情・感覚の表出を吐き出す「剝き出しの言葉」だけだったという事実にもわれわれは目を向けるべきであろう。

この変化による最大の犠牲者は誰だろうか。最大の不幸とは何であろうか。無論、悪口を言われた側は、嫌な気持ちになるし、悲しいし、傷つくし、不快である。だが、間接的で反論可能で修正可能でミミクリー的な要素をもつ悪口がなくなってしまうことは、それ以上に不幸であり、恐ろしく不気味な事態なのではないだろうか。

この不気味さは、「危ないから」、「危険だから」、「命にかかわるから」という大人の側の理由から、シーソーやジャングルジムといった遊具が次々と消えてなくなり、遊びの要素のない無味乾燥な空間になった公園や園庭の不気味さに似ているように見えるのは、私だけだろうか。

第5節　のびのびと遊ぶことで育まれるもの
――ポスト近代型能力の形成

遊びが与えてくれる根源的な力

かつてホイジンガは「遊びは文化よりも古い（Play is older than culture）」（Huizinga, 1938=1973 : 15）と述べたが、それは、歴史的に文化よりも古いという意味だけでなく、現象的な意味においても、遊びは文化に常に先立っていると解釈することもできるだろう。つまり、文化として対象化される以前の領域にあるのが、遊びという世界であるということだ。

だが、これまでの考察で示してきたように、遊びそのものが今や致命的な危機的状況に立たされている。第2節では、子どもの世界から遊び――とりわけ危険な遊具や玩具――が奪われていることを指摘し、第3節では、遊びの要素を多分に含んだ無数の悪口が子どもから奪われてしまったことを指摘した。

こうした状況に対して、単なる回顧主義や復古主義に陥ることなく、われわれは何をどう抗えばよいのだろうか。

ここで、フリットナーの「子どもたちがまずもって遊びにおいて学ぶのは、遊ぶことである」という言葉を思い出したい。子どもたちは、遊ぶことを学ぶのである。そして、アドルノが指摘したように「心をゆさぶる経験」を「習慣」に変える力を発揮する点に、遊びに特有の機能がある。こうしたことは、日々の保育を担う現場の保育者であれば、すでにこのことに気づいているだろう。

この習慣は、狭義の「社会的規範」として捉えるべきではない。むしろ「繰り返すこと」、「続けること」、「持続すること」と捉え、それを「持続的に生きていく力」「生き抜く力」として理解すべきだろう。子どもは遊びを通して、「持続的に繰りかえし粘り強く続けること」を学ぶのである。それは、人であれ、ものであれ、何かと積極的に肯定的に関わり続ける力――「ポジティブなコミュニケーション能力」――と言ってもよい。そして、その力こそが、人が他者や事物と共に生き、そしてその他者や事物を愛する能力となっていくのである。というのも、共に生きることや誰かを愛することは、それを続けることによってしか証明することができないからである。

のびのびと遊ぶ子どもが結局は強い

このことに関して、本田由紀が行った調査がとても役に立つ。彼女は、「コミュニケーション能力自己評価、ポジティブ志向、ネガティブ志向という三つの変数を従属変数とし、…〔中略〕…〔母子関係の規定要因〕と同様の変数を独立変数として投入した重回帰分析」を行い、コミュニケーション能力自己評価においても、ポジティブ志向においても、「のびのび子育てスコア」からプラスの影響が見られ、またネガティブ志向においては、逆に「のびのび子育てスコア」からマイナスの影響が見られることを指摘している（本田、2008：211）。

その上で、彼女は次のように述べている。「三つの従属変数のいずれについても、小学生時に母親が『のびのび』した子育てに力を入れてたかが影響しているということである。他方の『きっちり』子育てスコアは、いずれについても有意な影響を及ぼしていない。子供をできるだけ外で遊ばせ、様々な経験をさせ、子供の希望をできるだけきくような子育ての仕方が、子供が若者期に達した時点におけるコミュニケーション能力（の自己評価）や積極的に物事にとりくむポジティブ志向を高め、不安や消極性などのネガティブ志向を弱める働きをもっている」、と（Ibid. 傍点は筆者による）。

このように、子どもをできるだけ外で遊ばせ、様々な経験をさせ、子どもの希望をできるだけ聞くような子育ては、子どもの人間形成において非常に重要な役割を果たしていると考えられるが、実際にこの役割に気づき、それをきちんと意識的に実践している親はどれほどいるだろうか。「のびのび」を怠惰と見なし、「きっちり」を子どもにも親自身にも要請する親の方が、とりわけ日本では多数派になってはいないだろうか。また、親だけでなく、地域社会もまた「のびのび」を否定し、「きっちり」を子や親に求めすぎていないだろうか。また、教育産業界やメディアや世論も、そうした「きっちり」を煽り立てていないだろうか。

本田は、「のびのび子育て」の見えにくい役割を以下のように言表している。「塾や習い事、成績向上、生活習慣などを重視する『きっちり』した子育ては、子どもの『学力』を高め、それを通じて学歴や職業キャリアなどの客観的な地位に影響を及ぼす」が、他方で「『のびのび』した子育ては、客観的な地位の形成には明確に影響しないが、子どもの中に柔軟な『ポスト近代型能力』を形成する上では、肝要な役割を果たしている」、と(Ibid.:213)。

短期的には、「きっちり」の方が成果を出しやすいが、長い子どもの一生を子ども自身が生き抜く力としては、「のびのび」の方が大きな役割を果たしている、と言えるだろう。教育実践者の斎藤喜博も、『教室愛』の中で、のびのびと育つ子どもについて語っている。

子どもは子どもであって、決しておとなではない。子どもは子どもの世界において、

あくまでも子どもらしくのびのびと育ててこそ、はじめてりっぱなおとなになれるのである。（斎藤、1969 : 169）

この文章が書かれたのは、「支那事変（日中戦争）」の最中の１９４１年頃である。斎藤は、この時点で、のびのびとした子育てこそが「りっぱなおとな」になるための条件だとすでに気づいていた。これからいよいよ「太平洋戦争」に突入し、「のびのび」どころか、国民の意識のすべてが戦争に向かっていく時代の言葉だ。そんな時代の言葉だからこその重みがある。本田のようにわざわざ「ポスト近代型能力」と言わなくとも、「りっぱなおとな」になるためには、子どもたちが皆、子どもの世界でのびのびと育つことが大事だということは、戦前の斎藤にとって一つの真実であった。

斎藤は、同書で、「現代の生活はあまりに勝つことに夢中すぎる。だから互いに傷つけ合い、とがり合う。そういう社会を私は少しも幸福だと思わない。また理想的なものだと思わない」とも書いている（Ibid. :14）。のびのびを捨てて、きっちり育てられた子どもが向かう先は、勝ち負けの世界であるが、それは遊びのない勝者と敗者の世界である。「のびのび」を捨て、「きっちり」を厳格に求めすぎた結果として、それが「虐待」になる危険性もある。きっちり子育ては、親による子どもの支配と紙一重である。かつてからの虐待とは異なる、新たな虐待、「教育虐待」がますます問題となっている。

古くは、貧困からくる虐待がありましたが、今、新たに問題となっているのは、どちらかというと裕福な家庭での虐待です。「お受験をするのが当たり前」といった風潮の地域だと、小学校受験に失敗すると、「あなたなんて、私の子じゃない」みたいなことを言う親御さんもいらっしゃるようです。それが、新しい虐待、「教育虐待」と言われています。「うまくいった時しか褒められない」という状態をつくってしまう。

（高山、2019 : 131）

この高山の指摘は、「きっちり子育て」の最も極限的な子育てを表している。「お受験」を考えている親は、「遊び」を否定し、「お受験」のために「お勉強」を子どもに強く求める。「お受験」は、結果がすべてであり、その結果が親の望むものでないと、「あなたなんて、私の子じゃない」と責められる。そんな悲しい現実が、実際にこの世界にあるのである。

そういうきっちり子育てしかイメージできない人もまた、苦しんでいる。そういう人に伝えたいのが、「のびのび子育て」である。こののびのび子育てについて考える時、前述したさかなクンの次の言葉もまた示唆に富んでいる。

もしお子さんがいらっしゃったら、いまお子さんが夢中になっているものが、すぐ思い浮かぶはずです。それは虫かもしれないし、ゲームやお菓子かもしれません。つい「もうやめなさい！」なんて言ってしまいたくなるかもしれません。けれど、ちょっとでもお子さんが夢中になっている姿を見たら、どうか「やめなさい」とすぐ否定せず、「そんなに面白いの？ 教えて。」と、きいてみてあげてください。きっとお子さんはよろこんで話をしてくれるはずです。その小さな芽が、もしかしたら将来とんでもなく大きな木に育つかもしれません。（さかなクン、2016：260）

のびのびと育ったさかなクンは、確かに若き日に「学歴や職業キャリアなどの客観的な地位」という点では、何も得られなかったかもしれないが、その後、「お魚専門イラストレーター」、「コラムニスト」、「東京海洋大学客員准教授」、「お魚タレント」など、いくつもの顔をもつようになり、まさに「柔軟な『ポスト近代型能力』」を存分に発揮し、日本社会に大きな影響を与える「大きな木」になった(8)。

以上のことからも、大人たちは、子どもから遊びを遠ざけるのではなく、子どもを遊びに近づける努力を一層強めなければならない。遊びが子どもにもたらすのは、客観的な地位の形成以上のものであり、子どもがよりよくその自身の生涯——生——を生き続けるその力なのである。

のびのび子育ては放任することか

のびのびとした子育てを考える際に、その「のびのび」を「放任」と混同しないことが重要である。先に「子どもを遊びに近づける努力を強めよ」と指摘したが、それは子どもを放置して、自由勝手に遊ばせておけばよいという意味ではない。

きっちり子育てとのびのび子育ては、「自由」か「放任」かの二項対立ではなく、子育てそれ自体としては、どちらも大仕事なのである。いや、むしろのびのび子育ての方がよりハードルが高いのである。

この点に注意して、次のペスタロッチの一文を読んでみたい。

教師［養育者］よ、君の子供はできるだけ自由にされなければならない。彼に自由と平和と沈着とを与えうるすべての機会を尊重せよ。事物の内的自然性の結果によって教えうるすべてのことを、決して言葉で教えてはならない。彼をして、見させ、聞かせ、発見させ、倒れさせ、起きあがらせ、失敗させよ。行動や行為が可能な場合には言葉はいらない。彼は自分でなし得ることは自分でなさなくてはならない。君は人間よりも自然が一層よく彼を教育することを発見するだろう（ペスタロッチ、1780=1974：35）

この一文は、「のびのび子育て」に潜んでいるある種の厳しさや困難さを示している。のびのび子育ては、甘やかしたり放置したりすることではなく、むしろ子どもが倒れたり、起き上がったり、失敗したりすることを求めているのである。保護された人工的な空間から追い出し、厳しく過酷な自然の中に放り込むのである。もしかしたら、大きな事故が起こるかもしれない。森や林の中に放り込んだ結果、そこで大けがをするかもしれないし、蛇に嚙まれるかもしれない。命を落とす危険性もなくはない。そういう危険やリスクを覚悟して、あえて子どもに見させ、聞かせ、発見させ、倒れさせ、起き上がらせ、失敗させることは、まさにのびのび子育てではあるが、それは決して甘いものでも気楽なものでもない。

それに加え、ここでも、「自由」という言葉が使われているが、「自由を与えうるすべての機会を尊重せよ」となっており、「子どもの自由にさせよ」とは言っていない。先に遊びを定義した際に、「常に、偶然性や予測不可能性やリスクや非合理性を孕んだ自由へのあてどなき行為」と定めたが、遊びとは、自由へと向かうプロセスであり、自由を生きるための実践であり、自由に生きるための訓練なのである。そう考えると、のびのび子育てというのは、それ自体としてはのびのびしておらず、むしろ「安心や安全に守られない緊張感を孕んだリスキーな子育て」だと言えよう。

つながりや連帯を生み出す遊び

他方で、柔軟なポスト近代型の能力は、個人の内部の能力に留まらない。その能力は、他者とのつながりや連帯を生きる力と深くかかわっている。赤ちゃんポストを創設したドイツの異端の教育学者、ユルゲン・モイズィッヒ（Jürgen Moysich）は、遊びが子どもにもたらすものについて、次のように述べている(9)。

子どもたちは日々、大人に付き添われながら、自分たちの世界の更なる「ひとかけら（ein Stück ＝ワンピース）」を嬉しそうに発見し、探求し、理解していく(10)。子どもたちは、同年齢の子どもたちとの社会的な接触の中で、最初のもろもろの経験を重ね、互いに学び合い、そして互いに対する関心を学んでいくが、そのすべては遊びの中で起こっている。

遊びの中で起こっているのは、単に楽しさや享楽だけではない。そうではなく、世界に出会うこと、子ども同士の関係の中に入りゆくこと、学び合いや遊び合いの関係の中に参加すること、そして、その中で出会う具体的な他の子どもたち、すなわち仲間と出会うこと、そして、その仲間に関心をもち、時に激しくぶつかり合いながら、連帯していくことなのである。モイズィッヒは、「遊びは、子どもたちが他の子どもたちとの関係を習得する場である」、とも言っている(11)。

「この世界の中で具体的な仲間たちと連帯していくこと」こそ、本田のいうポスト近代型能力の一つの大きな柱になっていると思われる。OECDが掲げた「Key-Competencies」の中には、「異質な他者と交流すること（Interacting in Heterogeneous Groups）」が挙げられており、具体的には「他者とよく関係する能力（The ability to relate well to others）」、「協力する能力（The ability to cooperate）」、「コンフリクトを処理し、解決する能力（The ability to manage and resolve conflicts）」が想定されている(12)。

こうした能力――あるいはそれに先立つ能力――もまた、遊びの中でこそ学ばれるものであろうし、それなしにこれらの能力が向上することはないだろう。いかなる遊びにおいても、遊び自体が人を求めている。遊びそのものが、人と人を出会わせ、つなげ、連帯へと導いてくれるのである。モイズィッヒのいう「ひとかけら」の発見を通じて、子どもたちは他の子どもたちと出会い、つながり、協働し、連帯していくのであり、それを基にして、更にまた別のかけらを探しに、その仲間たちと探しに行くのである。

その仲間の中に、大人が入る余地もある。教師や保育者たちもまた、遊びの中で共に生きる仲間となる。小学校の教師だった斎藤も、「遊びは子どもを解放し、おとなを子どもに近づけ、おとなと子どもとを結ばせる」、と述べている（斎藤、1969：177）。遊びにおいては、大人も子どももない。皆が共に遊ぶ仲間となり、その中で、互いの理解や関係性を深めていくのである。それは、おもちゃも同じである。おもちゃを「メディア」として論じた今井も、おもちゃを「大人と子供という異なるものを結びつけるコミュニケーションのメディア」と見なしていた（今井、1998：97）。

ただし、ここで、とりわけ同調性の強い日本人が注意しなければならないのは、遊びを通じて培われる「仲間意識」や「つながり」や「人間関係」は、「他者との連帯」に向かわなければならない、ということである。単なる集団づくりや単なる形式的な関係づくりであれば、遊びを通じなくてもよいし、おもちゃをメディアとしてわざわざ用いる必要もない。

モイズィッヒの「シュテルニパルクの教育学」の中でも、「連帯（Solidarität）」が掲げられており、そこでは、「もろもろの解決策を他者と共に見い出すだけでなく、損得勘定抜きに［自分より］弱き人たちのために尽力しようとする意識（das Bewusstsein, Lösungen zusammen mit anderen zu finden, aber auch, sich für Schwächere ohne eigenen Vorteil einzusetzen）」が連帯の内実となっている(13)。遊びには勝敗がはっきりと分かれるものが多いが、その際に「勝った者が負けた仲間のために尽力する」というのもまた、遊びの中で学んでいくことであった。

繰り返し強調すると、遊びの中で子どもたち一人ひとりが経験しているのは、「みんなの中でうまくやっていくこと」ではなく、「世界の更なるひとかけらを、一人ひとりの違いを認め合いながら、他の仲間たちと一緒に探していく〈私〉の営み」なのである。

遊びの中で育つのは、よいコミュニケーション能力では「ない」

よって、「遊びを通じてコミュニケーション能力が高くなる」と、短絡的に実利的に利己的に考えてはいけない。通俗的な意味での「コミュニケーション能力」は、遊びによって培われるわけではない。通俗的なコミュニケーション能力は、親にせよ教師にせよビジネスパーソンにせよ、通俗的な大人たちが期待するようなコミュニケーションや、前章第6

節でみたショーペンハウアーの言う「俗物」的で社交界的なコミュニケーションにつながる。

通俗的なコミュニケーション能力は、「相手の気持ちや感情を上手に汲み取り、滞りなく意思疎通を円滑に行う能力」とでも言うものであろうか。俗的な辞書を見ると、どれも同じような内容になっている。親の期待としては、「クラスの担任の先生やクラスメートの気持ちを上手にくみ取り、問題を起こさないで、滞りなく学校生活を過ごす能力」というべきものである。採用担当の人間であれば、「組織の中で上司や同僚の気持ちや感情をしっかり読み取り、業務に支障をきたさないで、円滑にミスなく指示通りに働く社交的な能力」となろうか。こういう能力のことを、人間関係学では「よいコミュニケーション能力」と呼んでいる。

しかし、遊びを通じて高められる能力は、おそらく、こうしたよいコミュニケーション能力では「ない」。

『子どもはなぜ電車が好きなのか』の著者である弘田陽介はこのことを端的に指摘している。「鉄道で子どもはかしこくなる。ただし社交性は学べない」、と（弘田、2011:156）。電車が大好きで、貪欲に電車で遊ぶ子どもたちについて、弘田は「ある程度子どもが大きくなってくると、鉄道の楽しみは『知る』ことや『集める』ことになっていく」とした上で、こう述べている。

子どもは鉄道について学び知ることで、その知性を高めていく。だが残念ながら、社交性といった人間関係についてはなかなか学べないという、今日でも一般に知られていることが、明治の書物からも伺えるのである。……鉄道好きにとっては、知識も所有の対象となる。自分だけが知っていることを丹念に追及していくことこそが、鉄道マニアの使命なのである。（弘田、ibid.：158-159）

弘田は、この「知る楽しみや集める楽しみ」は、明治期に鉄道が開通した時から確認できる現象だという。その楽しみを最初に啓蒙しようとした一人が、『少年工芸文庫』という事物本を刊行した石井研堂である。石井は、この少年工芸文庫第一編「鐵道の巻」で、「機関車や線路の構造、鉄道業務など」の解説役として、富国小学校の「日野力太郎くん」を出している。力太郎くんは、「鉄道大好き少年」で、「お話にならぬ程の汽車好」である。「汽車のお話を聞くなら、二月三月打続けても飽きない、汽車ごとをして遊ぶなら、お友達が無くとも、二年や三年は遊んで居られる」ほどだ。

そんな力太郎くんは、小学校を卒業し、高等三年（12歳）になっても、汽車好きは変わらず、ますます汽車にのめり込んでいく。そして、「段々に汽車のことが分ッて来て、日本のことでも西洋のことでも、色々の話を知ッて居て、汽車の博士といふてもよい程の物識り」になった（Ibid.:155）。このあたりは、さかなクンとよく似ている。

力太郎くんは、「汽車博士」になったが、その知識があまりにもマニアックなので、周囲の人から浮くようになる。他の少年たちと汽車の話になると、力太郎君の持っている知識に圧倒されるものの、彼と仲良くしようと思う少年はいない。

力太郎くんのような博士タイプの子が教えてくれるのは、「だから、よいコミュニケーション能力が必要だ」ということではなく、むしろ「そういうコミュニケーション能力とは異なる能力もある」ということである。

遊びがより深い遊びになればなるほど、力太郎くんではない少年たちも、「異質な他者」になっていってしまう。アニメ好きの子どもは、アニメについての知識や経験が増えれば増えるほど、通俗的な常識や価値観から離れていき、アニメマニアにとっての常識や価値観を学んでいくのと同時に、そのマニア的なコミュニティーに入り込んでいくことになる。どんなジャンルのマニアであっても、そのコミュニティーに入れば、同じような仲間が増え、その仲間と共に生きていくことになるのだ。

そのマニア的なコミュニティーは、当然ながら一般的・通俗的な常識が通じる場ではない。コミュニティー内の「言語」があり、その言語が分からなければ、そのコミュニティーを十全に生きることはできないだろう。と同時に、そのコミュニティーに属することで、ますます通俗的なコミュニティーを生きることも通俗的なコミュニケーションを生きることも困難となる。

それを憂慮してか、弘田は、この事例を通じて、次のような懸念を示している。

もちろん鉄道好きという趣味が、人と人とを結びつけることはすばらしいことだ。けれども、その趣味は、人を結びつけると同時に、『少年工藝文庫』の日野少年のように自分と他の人々を区別し、分断する可能性も孕んだ諸刃の剣である。そう考えると、自分の子どもが日野少年のような過度な鉄道好き、つまり少し独特な人たちになるというのは、親としては考えものかもしれない。（弘田、ibid.:159-160）

遊び論としては、それは「心配ご無用」である。ショーペンハウアーも指摘したように、何かに没入し、その世界にひとりで入り込むことこそ、最も贅沢な享楽であるからだ。それに、力太郎くんは「お友達が無くとも、二年や三年は遊んで居られる」ほどの独特な子どもだ。無理に話の合わない友達と付き合うよりも、大好きな汽車と遊んでいるほうが彼にとってははるかに幸せなことだろう。

それ以上に大きな課題がこの事例にはある。すでに先に述べたように、「連帯」は、「異質な他者との交流」が前提となっている。異質な他者は、異質ゆえに、こちら側の気持ちや感情を上手にくみ取ることができないし、そう簡単にこちら側と意思疎通できるような相手でもない。よいコミュニケーション能力がどれだけ高い人であっても、異質な他者を目の前にすれば、その異質な相手と「よい関係」を生きることも、築くことも困難となる。そうなると、「よい人間関係」を生きることのできる人たちだけが集まって群れて、異質な他者を排除するようになってしまう。力太郎くんは排除される可能性が多分にある——弘田はおそらくこのことを懸念していたのだと思う——。だが、それでも、きっと力太郎くんは、汽車と共にたくましく生きていくだろう。そして、その汽車がきっと、まだ出会っていない素敵な誰かと出会わせてくれるだろう。その時まで、力太郎くんは汽車に専心没頭していればよいのではないだろうか。問題なのは、むしろ力太郎くんを「変わり者」として扱い、排除しようとする人たちの方ではないか。

保育における「遊び」の本質の欠如

以上のことから、遊びは、通俗的なコミュニケーションのツールになるものではなく、むしろそうした通俗的なコミュニケーションから人を切り離し、そうした通俗的・常識的なコミュニケーションよりもはるかに濃密な対象とのかかわりを生きるツールになり得るのである。遊びを少しでも深く追求すれば、すなわち遊びをしっかり遊ぶことができれば、すぐに通俗的な世界から離れていくのを誰もが実感できるだろう。

そうした観点で、保育の骨子を示す「保育所保育指針」を見ると、いかに保育業界が「遊び」の本質を捉え損ねており、またそれを単なる「手段」としてしか考えていないということが分かってくるだろう。

「保育所保育指針」において、遊びや玩具はこのように語られている。

保育所内外の様々な環境に関わる中で、遊びや生活に必要な情報を取り入れ、情報に基づき判断したり、情報を伝え合ったり、活用したりするなど、情報を役立てながら活動するようになるとともに、公共の施設を大切に利用するなどして、社会とのつながりなどを意識するようになる。

このように、保育所保育指針では、遊びの中で「社会とのつながり」や「人とのつながり」といったコミュニケーション能力が育つという期待（願望）が多数記載されている。このことは、以下の記述においても確認することができるだろう。

「生活や遊びの中で、自分の身近な人の存在に気付き、親しみの気持ちを表す」
「保育士等とごっこ遊びをする中で、言葉のやり取りを楽しむ」
「保育士等を仲立ちとして、生活や遊びの中で友達との言葉のやり取りを楽しむ」
「正月や節句など我が国の伝統的な行事、国歌、唱歌、わらべうたや我が国の伝統的な遊びに親しんだり、異なる文化に触れる活動に親しんだりすることを通じて、社会とのつながりの意識や国際理解の意識の芽生えなどが養われるようにする」

社会とのつながりや人とのつながりだけでなく、「言葉」や「会話」や「文化」や「伝統」とのつながりも、遊びを通じて行うことが記されている。また、この指針では、「感覚」、「知性」、「表象」、「イメージ」、「想像力」、「創造力」を養うために、遊びを用いることを推奨している。

「遊びや生活の中で、数量や図形、標識や文字などに親しむ体験を重ねたり、標識や文字の役割に気付いたりし、自らの必要感に基づきこれらを活用し、興味や関心、感覚をもつようになる」

「生活や遊びの中で様々なものに触れ、音、形、色、手触りなどに気付き、感覚の働きを豊かにする」

「玩具などは、音質、形、色、大きさなど子どもの発達状態に応じて適切なものを選び、その時々の子どもの興味や関心を踏まえるなど、遊びを通して感覚の発達が促されるものとなるように工夫する」

「玩具などは、音質、形、色、大きさなど子どもの発達状態に応じて適切なものを選び、遊びを通して感覚の発達が促されるように工夫する」

「生活や遊びの様々な体験を通して、イメージや感性が豊かになる」

「保育士等からの話や、生活や遊びの中での出来事を通して、イメージを豊かにする」

「子どもの表現は、遊びや生活の様々な場面で表出されているものであることから、それらを積極的に受け止め、様々な表現の仕方や感性を豊かにする経験となるようにする」

更には、「体力づくり」、「健康」、「安全」といった身体の保護と強化という目的のために遊びを手段として使うことが期待されている。

「寝返り、お座り、はいはい、つかまり立ち、伝い歩きなど、発育に応じて、遊びの中で体を動かす機会を十分に確保し、自ら体を動かそうとする意欲が育つようにすること」
「保育士等のあやし遊びに機嫌よく応じたり、歌やリズムに合わせて手足や体を動かして楽しんだりする」
「走る、跳ぶ、登る、押す、引っ張るなど全身を使う遊びを楽しむ」
「探索活動が十分できるように、事故防止に努めながら活動しやすい環境を整え、全身を使う遊びなど様々な遊びを取り入れること」
「いろいろな遊びの中で十分に体を動かす」
「危険な場所、危険な遊び方、災害時などの行動の仕方が分かり、安全に気を付けて行動する」
「様々な遊びの中で、子どもが興味や関心、能力に応じて全身を使って活動することにより、体を動かす楽しさを味わい、自分の体を大切にしようとする気持ちが育つようにする」
「遊びを通して安全についての構えを身に付け、危険な場所や事物などが分かり、安全についての理解を深めるようにする」
これらの記述から、保育所保育指針は、遊びを「目的」として考えているのではなく、

「つながり」、「言葉」、「文化」に加え、「知性・感性・表象」、「体力・健康・安全」といった教育的目的のための「手段」として考えていると言えるだろう。

ただし、この保育所保育指針の中で、一箇所だけ、遊びそのものの特性や本質に触れているところがある。

子どもが、遊びの中で周囲の環境と関わり、次第に周囲の世界に好奇心を抱き、その意味や操作の仕方に関心をもち、物事の法則性に気付き、自分なりに考えることができるようになる過程を大切にすること。また、他の子どもの考えなどに触れて新しい考えを生み出す喜びや楽しさを味わい、自分の考えをよりよいものにしようとする気持ちが育つようにすること。

この指摘は、遊びそのものの記述になっているように思われる。遊びではなく、その過程を大切にせよというところに、若干の「手段性」を感じなくもないが、遊びそのものがどのようなものかを記述している点で、他の記述と異なっているし、「遊びの中で自分なりに考えることができるようになる過程」そのものを、「質の高い遊び」と解釈することもできるだろう。つまり、「あてどなき遊びの過程そのものを大切にせよ」、と。

どれだけ批判的に検討しても、遊ぶ際に、子どもたちが周囲の環境とかかわるということは間違いないし、その周囲の世界に好奇心を抱いて、その世界にかかわることに関心をもち、その中でのパターンや法則性を見いだし、あてどなくあれやこれやと考えたり、試したりする。他の子どもの考えや動きを見て、自分もやってみようと模倣する。それもまた、遊びのエッセンスであるし、それによって新たな考えや新たな動きを見いだす時の喜びや楽しさは、たしかに遊びの醍醐味と言えるだろう。

ただし、この指針には、これまで本書で示してきた遊びの一部しか反映されておらず、とりわけ「運」、「スリル」、「リスク（危険性）」、「めまい」、「予測不可能性」といった遊びのもつ最も非理性的でエキサイティングな要素が捨象されている。

保育園やこども園といった公的な施設は、人の目が厳しくなる公的機関であるがゆえに、リスクを徹底的に排除することが求められる。日本の「リスク」への警戒心はものすごく強い――コロナ禍以後の極度なマスク着用もこのリスクへの警戒心の一つの現れと言えるだろう――。ゆえに、公的な保育施設に、危険な遊びを求めるのは難しい。われわれが認識すべきは、「保育園での遊びだけでは、遊びの全体を経験したことにはならない」ということであり、子どもにかかわるすべての大人たちに、今後も子どもに「リスクある遊び」を示し続ける責任があるということである。

第6節　子どもたちから遊びを奪う真の敵とは？

遊びは有益な活動を超越する

最後に、第2節で挙げた「生命の維持と遊びはいったいいかなる関係にあるのか」という問いと「生命の維持や社会的成功と遊びの関係は単に対立するだけなのだろうか」という問いに立ち返りたい。

『哲学する赤ちゃん（The Philosophical Baby）』を執筆したアリソン・ゴプニック（Alison Gopnik）は、この問いに深く関連することを次のように言い表している。

架空の世界に夢中になっている子どもを見て、大人は「まあ、また遊んでいるわ」と言います。実はここに大事な事実があります。ふつうの大人の生活では、食事の支度をしたり橋を架けたりといった有益な活動と、小説を読む、映画に行くといった「楽しみ」「娯楽」は区別されています。一方、幼児はこの種の有益な活動は何一つしないし、そうすることを期待もされません。だから何をしていても傍目には遊んでいるとしか映らないのです。橋も建設せず、畑も耕さず、夕食もつくらず、給料も運んで来ない。ひたすらごっこ遊びに没頭し、架空の反事実を次から次へと思いつくばかり――でも子どもたちはこのとき、最高に洗練された人間らしい重要な能力を発揮しているのです。（Gopnik, 2009=2010 : 102-103、傍点は筆者による）

本書でいう「生命の維持」に必要な活動は、ここでいうところの「有益な活動」と考えてよいだろう。また、ここでの「楽しみ」や「娯楽」は本論で論じてきた「遊び」と捉えてよいだろう。

遊ぶ子どもたちは、生命維持のために必要な有益な活動をしていないが、その一方で、遊びの中で「最高に洗練された人間らしい重要な能力」、すなわち反事実（counterfactual）を思い描く「反実仮想」――「過去、現在、未来の可能世界を思い描くこと」――を発揮しているとゴプニックは指摘している（Ibid. :32）。この研究では、ミミクリーの遊びがその対象となっているが、ここにおいても、生命の維持に必要な有益な活動とは異なる活動として、遊びが想定されている。

生命維持に必要な活動の代表例は、大人たちの有益な営利活動であり、それは常に「損か得か」で考えて打算的に利己的に動く行動パターンを前提としている。損得で動く有益な活動は、それ自体、経済人として、ビジネスパーソンとして必要不可欠なものと言わざるを得ない。人間は、損を回避し、得になることをすることで、生きる糧を得ている。それが、われわれの生きる資本主義社会の大前提であろう。

それに対して、遊ぶ活動は、生命維持のために必要な活動を超えた活動なので、大人たちが期待する有益な活動ではなく、同時に、損か得かではなく、正しいか否か、真実か否かで動く社会的活動となる。たとえば、先の鉄道マニアで言えば、「あらゆる鉄道の知識や情報を自分のものにする」という行動が、遊ぶ活動である。彼らは、その知識や情報を集めることで、地位や財を得たいとは思っていない。むしろ、知識や情報を集めるためには、損をしてもかまわないとさえ思っている。鉄道マニアだけでなく、あらゆるマニア活動というのは、膨大な時間とお金を用いて、その世界のすべてを知り尽くしたいという真理を求める欲望から行われているのである。そして、その欲望によって得られたもの（知識や情報）は、同じマニアの仲間と共有され、更に自分の上を行くマニアと出会い、そのマニアの世界をどんどん広げ、そして深化させていくのである。

遊びの時間を奪う「18歳総進学主義」の弊害

それでもなお、「生命の維持のための有益な活動」の方が、小学校から大学まで、広く深く教育界に根づいている。小学生の段階から、子どもたちは何度も「将来、どんな仕事に就きたい?」と問われ続け、「将来の夢」を言わされ、書かされ続ける。もちろん、その「夢」というのは、「職業」のことであり、ジョン・レノンのように「幸せになる」と書くことではない(14)。

将来の夢を安易に「職業」に結び付けることに、われわれは強く警戒しなければいけない。特に教育者たちはこのことを常に意識する必要がある。

教育思想家であるジョン・デューイ(John Dewey)も、1897年に刊行された『私の教育学的信条』の中で、「私は、教育とは人生のプロセスそのものであって、将来の人生のための準備ではない、と信じている」と述べている(デューイ、2019)。それから百年以上が過ぎた今でも、日本では、教育を「将来の人生のための準備」と捉え、親も保育者も教師もみな、「将来の人生」のために、と子どもたちに働きかけ続けている。むしろ、ますます「キャリア教育」や「キャリアデザイン」が教育の中心になろうとさえしているようにも見える。

そんな日本では、中学生や高校生になると、「有益な活動」にますます動機づけられる。中学校や高校での勉強や部活は、「大学受験(推薦を含む)」に結びつき、その大学もまた、将来の職業選択に強く結びついている。そこに「受験産業」が加わり、18歳の時に直面する「大学受験」のために、6年間の人生が大きく制約されることになる。かつては「受験戦争」と呼ばれ、中高生はその戦争に立ち向かい、敵を倒し、勝利しなければならなかった。そうなると、「遊び」はもはや、せいぜいのところ「息抜き」「ガス抜き」「気晴らし」でしかなくなり、その地位は失墜する。その結果、遊びは、生きるための目的ではなくなり、生き延びるための戦いの息抜きや気晴らしでしかなくなるのである。

このことは、OECDが公表している「Education at a Glance」(15)を見るとよく分かることであろう。2022年の報告書の中に注目したい点がいくつかある。

第一に、日本の大学・短大数は800校近くあり、アメリカに次いで二位の多さであるにもかかわらず、OECD加盟国の中で大学等に進学する「新一年生（教育段階別初回入学者）」の年齢が一番低いのが日本である、という指摘である。日本の大学生の平均年齢は18・44歳だが、OECD加盟国全体では、平均年齢22歳となっている。つまり、中等教育卒業後に、日本の若者たちはすぐに高等教育機関に進学してしまっているということであり、他のOECD加盟国の若者よりも急いで早く進学してしまっているということである。この日本の若者たちが横並びの状態で、18歳で進学することを、私は「18歳総進学主義」と呼んでいる。OECDの報告書には、次のような一文が添えられている。

中等教育（高校）卒業後に更なる学びを追求しようとする人には様々な進路のバリエーションがあり、生徒たちは、大学や短大に進学する前に個人的な・職業的なもろもろの活動（other personal or professional activities）に従事することもある(16)。

他のOECD加盟国の大学で学んだことのある人ならすぐに分かることだが、海外の大学生の年齢は、明らかに日本の大学生よりも年齢が高く、またその年齢もバラバラである。いつ大学に進学するかは、それぞれが決めるべきことであり、自分の学びたいことがはっきりとするまで、アルバイトをしたり、世界旅行をしたり、興味のある仕事に就いたりと、色々な活動をしている。

また、欧米を中心に、中等教育卒業後に高等教育機関への入学を猶予する一年間ほどの「ギャップ・イヤー（Gap year）」、「ギャップ・ターム（Gap term）」を設けている国もある。このギャップ・イヤーに、若者たちは「遊ぶ」のである。ここで言う「遊び」は、息抜きや余暇活動ではなく、「自分の人生を探し出すかけがえのない時間」となっている。大学ですぐに学問に触れたい人はすぐに大学での学びを開始し、何を学ぶかが明確でない人は、このギャップ・イヤーに様々な経験をするのである。そうした「遊びの部分」がなく、大人も当の若者も何も考えずに、18歳で進学するのがなんとなく当たり前だ（就職に有利だ）という考えをもつのが「18歳総進学主義」である。

第二に、ＯＥＣＤ加盟国の中で、日本以外のすべての国において、男性よりも女性の方がすでに高学歴になっている、という点である。この報告書では、小さく次のように記載されている。

日本を除くすべてのＯＥＣＤ加盟国において、学士、修士、博士またはそれに相当する資格を持つ25～34歳のすべての人の少なくとも半数が女性である(17)。

この一文は、すでに日本を除く国々では、男性よりも女性の方が「高学歴」だということを裏付けている。「少なくとも」とあるので、大学や大学院を卒業した男女比で言えば、日本を除くすべてのＯＥＣＤ加盟国で、女性の方が男性より学歴が高いか、その比率は同じだということである。このことは、逆に見れば、日本の場合、本来的に大学に行かなくてもよい層の若者まで、（「間違って」というのは言い過ぎかもしれないが）大学に進学してしまっているということを示唆している。このことは、次の第三の点とつなげて考える必要がある。

「Education at a Glance 2022」で注目したい第三の点は、日本は、大学を卒業しているのに、中卒や高卒と同じレベルの労働をしている人の比率がＯＥＣＤ加盟国の中で最も高い、という点である。この報告書の中に、「第三次教育を受けた労働者たちの学歴過剰レベルにおける各国の違い（２０１２年また２０１５年）」という図がある（Figure A3.4.）。これは、「専門学校・短期大学・大学・大学院等を卒業したものの、高校卒業レベル以下の仕事をしている労働者の割合の国際比較」のことをいう。そして、この国際比較で使われているのが、「第三次（高等）教育を過剰に受けている労働者（An overqualified tertiary-educated worker）」という言葉である。この過剰に高等教育を受けている労働者（25歳～64歳）の比率を見ると、ＯＥＣＤ加盟国の中で、日本が突出して高いのである(18)。

具体的に述べよう。ＯＥＣＤでは、「国際標準教育分類（International Standard Classification of Education、ISCED）」というカテゴリーがある。レベル０（幼児教育以前の教育）からレベル８（大学院博士課程）までのカテゴリーになっている。大卒の人はレベル６（Bachelor's or equivalent level）で、専門や短大や高専を出た人はレベル５（Short-cycle tertiary education）である。「第三次教育を過剰に受けている労働者」というのは、レベル５以上の学歴を有しているのに、レベル３（高校教育）以下の教育しか必要としていない仕事に従事している労働者のことを指す。こうした過剰に教育を受けた労働者の数がＯＥＣＤの中で最も多いのが、日本だというのである。先の報告書の図

（A3.4）では、「日本は、最も高い相対的学歴過剰のレベルにあり、デンマークが最も低いレベルである（Japan has the highest relative overqualification level and Denmark the lowest.)」と記されている。つまり、日本は、高校教育以下で可能な仕事に就いている専門卒・短卒・大卒・院卒の人の数がトップクラスの国だ、ということになる。

本書の遊び論の立場からすれば、「子どもから青年期を経て社会に出るまでの間に、まったく遊びの時間や空白の時間がなく、18歳ですぐに短大や大学などの第三次（高等）教育を受けているのに、その教育を生かしきれていないのではないか」と警鐘を鳴らさねばならない。必死に「将来の人生のための準備」をしてきて、大急ぎで大学等に進学したにもかかわらず、それに見合った将来を生きていないとしたら、いったい何のための「勉強」であり「受験」であり「進学」だったのだろうか、と。

この問題は、本書の趣旨を超えるので、これ以上深掘りすることはしない。だが、この国の若者たちは、こぞって18歳の年齢で総進学し、その大学時代での学びはほぼ抜け落ちた状態で就職しており、それでいながら、その仕事は、自分が受けた教育レベルのものになっていない、ということは知っておきたい。そして、「日本人は、遊びに乏しく、急ぐだけ急いで、18歳総進学主義の下で過剰に早い段階で高等教育を受け過ぎているのではないか」と警告しておきたい。

この国においては、「遊び」の真の敵は、ひょっとしたら「教育」なのではないか、と。

第7節　それでも遊びは遊ぶ人を待っている

遊びとは自らを危険に晒す営みである

遊びを忌避し、遊びを拒絶し、遊びを子どもから切り離し、早く就職させたいとする大人たち（あるいはその社会）は、生命の維持に必要な有益な活動――エーリッヒ・フロム（Erich Fromm）のいうところの「もつこと（to have）」――しか見てないということになりそうだ（Fromm, 2020）。その子どもが「なんであるか」を問うことなく、「何を有しているか」しか見ていない。「学歴」も「資格」も「免許」も、所詮は人が所有するもの（have）に過ぎない。

この生命維持に必要な有益な活動は、本田のいう「学歴や職業キャリアなどの客観的な地位」に影響を与える「きっちり子育て」の基盤にはなり得るが、柔軟なポスト近代型能力を形成する「のびのび子育て」の基盤にはなり得ない。しかし、それだけでない。

遊び（Spiel）という語は、ガダマーが示しているように「危険に晒される（auf dem Spiel stehen）」という意味を常にすでに持ち合せている[19]。アゴンやイリンクスの遊びは、危険やリスクと隣り合わせである。危険やリスクのない遊びは、もはや遊びではないのである。遊びは、生命の維持に不要な活動であるだけでなく、生命の危機や危険に子どもを晒す活動でもあるのだ。特にイリンクスの遊びは、「怖い」と「楽しい」が同時に起こるスリルな遊びである。全く怖くないジェットコースターは、もはやジェットコースターではないし、また逆に、命の安全をまったく保障しない危険なバンジージャンプも、もはやバンジージャンプではない。「怖いけど、楽しい」という遊びのもつアンビバレントな本質的特徴が必要不可欠なのである。

ブランコやシーソーやジャングルジムのない公園が暗に示しているのは、まさにこの本質的特徴の欠如ではないだろうか。安全性を極度に求めるあまりにあらゆる危険性を排除した公園では、子どもたちは危険に晒されることがなく、遊びのない「まじめでたいくつな場所」となるのである。現実の公園がまじめでたいくつだからこそ、せめて仮想現実の中でリスクのある活動を友だちとしようと、ゲーム機を公園に持ち込むのだろう。

生命の維持や安全性に目を向け過ぎた結果、子どもが集う公園から「遊び」の要素をしっかりもち合わせた――危険を孕みつつも楽しいという最も遊びのエッセンスをもった――遊具が撤去されてしまったというあまりにも皮肉な結末である。

遊びはいつでも発見されることを待っている

しかし、それでもなお、子どもたちはそんな遊具のない無味乾燥な公園であったとしても、そこに新たな遊びを発見するだろう。発見してくれるだろう。

遊びの本質を理解し、安全性と危険性の狭間に立てるような大人が同伴していれば、子どもは他の子どもたちと共に、その公園の中にある新たな「ひとかけら＝ワンピース」を探し、発見し、共に遊ぶことだろう。どれだけ子どもたちから遊び場やおもちゃを取り上げても、今目の前にある何かを見つけて、それを用いて、新たな遊びを発見するに違いない。

子どもたちは、スティーブ・ジョブズ（Steven Paul Jobs）が語ったあの有名なフレーズ、「Think different（別の仕方で考えろ）」や「Think differently（違う考えをせよ）」を当たり前のようにやってのけることのできる存在である。子どもたちはいつの時代も、どの国でも、大人たちとは別の仕方で考えるし、また動くのである。

それと同時に、たとえ大人たちが子どもたちから遊びを奪ったとしても、遊びそれ自体は、止まることなく、動き続けるだろう。遊びそのものは常に、子どもたちを待っていてくれる。そして、遊ぶことをしっかり学んだ人であれば、子どもであれ、大人であれ、遊びを発見するために動き出してしまうのである。そういう人は遊ぶことを十分に学んでいるので、どうしたら遊べるかが分かっているのである。

遊ぶ人間がいる限り、遊ぶ人間が遊びを発見する限り、常に遊びは遊び続けるし、遊びが他の人間をも遊びの中へと導いてくれるだろう。

そうした人間の「遊びを発見する能力」こそ、真の意味での最高に洗練された人間らしい重要な能力と言えるのではないだろうか。

引用文献

Benjamin, W.: *Über Kinder, Jugend und Erziehung*, Ffm 1969. =『教育としての遊び』、丘澤静也訳、晶文社、1981年
Caillois, Roger.: *Les Jeux et les Hommes*, Paris 1958. =『遊びと人間』、多田道太郎・塚崎幹夫訳、講談社、1990年
Duvignaud, J.: *Le Jeu Du Jeu*, Français. Paris 1980. =『遊びの遊び』、渡辺淳訳、法政大学出版局、1986年
デューイ、ジョン、『デューイ著作集6　教育1　学校と社会、ほか』、田中智志総監修、上野正道訳者代表、東京大学出版会、2019年
Flitner, A.: Spielen-Lernen, München 2002.
Fromm, Erich.: *To Have or to Be?* Bloomsbury USA Academic. 1976.=『生きるということ』、佐野哲郎訳、紀伊国屋書店、2020年

Gadamer, H.G.: *Wahrheit und Methode*, J.C.B. Mohr（Paul Siebeck）, Ffm 1960. =『真理と方法Ⅰ』、轡田収訳、法政大学出版会、１９８６年
Gies, J & Gies,F.: *Life in a medieval city*, New York 1982. =『中世ヨーロッパ都市の生活』、青島淑子訳、講談社、２００６年
Gopnik, A.: *The Philosophical Baby : What Children's Minds Tell Us About Truth, Love, and the Meaning of Life*, London 2009.=『哲学する赤ちゃん』、青木玲訳、亜紀書房、２０１０年
弘田陽介、『子どもはなぜ電車が好きなのか――電車好きの教育〈鉄〉学――』、冬弓舎、２０１１年
本田和子、「『花一匁』考――子どもたちの『歌垣』」、『現代思想 vol.11-2』、青二社、１９８３年
本田和子、「女・子どもの江戸（その三）」、幼児の教育　86（６）、50-54、日本幼稚園協会、１９８７年
本田由紀、『「家庭教育」の隘路』、勁草書房、２００８年
Huizinga, J.: *Homo Ludens*, Rowohlt Taschenbuch,1987. =『ホモ・ルーデンス』、高橋英夫訳、１９７３年
今井康雄、『ヴァルター・ベンヤミンの教育思想』、世織書房、１９９８年
亀井伸孝、『遊びの人類学』、昭和堂、２００９年
小西行郎・小西薫・志村洋子、『赤ちゃん学で理解する乳児の発達と保育』第２巻、中央法規、２０１７年
小西行郎、「胎児は一人の人間――赤ちゃんは無力ではない」、『生命尊重ニュース』Vol.34 No.377.生命尊重センター、２０１６年

巻田悦郎、『ガダマー入門――語りかける伝統とは何か』、アルテ、２０１５年
増川宏一、『遊戯の起源――遊びと遊戯具はどのようにして生まれたか――』、平凡社、２０１７年
Pestalozzi,J.H. *Tagebuch Pestalozzis über die Erziehung seines Sohnes,* Band 1 Schriften aus der Zeit von 1766 bis 1780.＝「育児日記」、『ペスタロッチー全集』Ⅰ、佐藤守訳、平凡社、１９７４年
さかなクン、『一魚一絵』、講談社、２０１６年
斎藤喜博、『斎藤喜博全集』第1巻、「教室愛」、国土社、１９６９年
仙田満、「遊具の構造」、『現代思想 vol.11-2』、青土社、１９８３年
清水武、「遊びの構造と存在論的解釈」、『質的心理学研究第三号』、pp.114-129、２００４年
高橋勝、『情報・消費社会と子ども』、明治図書、２００６年
高山恵子、『「みんなの学校」から社会を変える』、岩波書店、２０１９年
多木浩二・前田愛、「対話〈遊び――やわらかい文化〉」、『現代思想 vol.11-2』、青土社、１９８３年

注

（1）看板ならいいネットサインヤフー店「ボール遊び禁止 看板 駐車場 危険 子ども 注意 H45×W60cm S-91」。通常価格７２６０円（税込）。https://store.shopping.yahoo.co.jp/e-netsign/s-91.html

（2）たとえば、http://www2.shimajiro.co.jp/contents/baby/play/guides.html などを参照。情報取得２０２２年11月1日

（3）ホイジンガは、「すべての遊びは、まず第一に、何にもまして一つの自由な行動である」と述べ、続けて、「命令されてする遊び、そんなものはもう遊びではない」と言い切っている。本

書において、「自由な行動」という場合には、すべてホイジンガのこの主張に基づくものとする。コロナ禍において奪われたのは、まさに〈遊び〉だったのである。

（4）原文は以下の通り。„Kinder lernen beim Spiel in erster Linie – spielen. Und sie üben und bestätigen das von ihren frühesten Lebensäußerungen an bis hin zur vollen Teilnahme an der Kinder- und Erwachsenenkultur“. この文の „Kinder lernen beim Spiel- spielen“（子どもたちが遊びにおいて学ぶのは遊ぶことである）は、本書の方向性を決定づけるフレーズとなった。

（5）それに加え、さかなクンは、大好きなウマヅラハギが「姿造り」になったことにショックを受けつつ、その「キモ」を食べて、その美味しさに衝撃を受ける。その時に、彼は、「おいしくて悲しくて、悲しいけどやっぱりおいしくて。心の中は切なさとおいしさでごちゃごちゃになった」と記している（Ibid.,63-64）。これは、まさに本章第1節で述べた「遊びのもつアンビバレントな本質的特徴」と言ってよいだろう。さかなクンは、まさに遊ぶために、あれやこれやと学びを深めていったのだ。

（6）ジャン・デュビニョーは、『遊びの遊び』の中で、こう記している。「カイヨワが示唆している遊びの多様な形式は、何よりも深さのレベルとして振り分けられていて、なかでも《眩暈》はいちばん強くて、いちばん具体的なレベルを構成しているように思える」、と。子どもだけでなく、あらゆる人々はこの「眩暈」を求めて遊んでいることを、たしかに具体的な事例を用いてあれこれと考えることは容易にできることだろう（Jean Duvignaud, 1980=1986 : 65）。

（7）轡田ら（1986）の翻訳では「当てどのない往復運動」とされているが、本書では、原語への愛着を込めて、「あてどない往復運動」と表記した。

（8）ジークムント・バウマン（Zygmunt Bauman）のいう「リキッド・モダニティー（Liquid

Modernity)」を生き抜いている人物ともいえるかもしれない。

（9）この文章は、公刊された彼の著作物ではなく、彼が創設したシュテルニパルクの幼稚園の親向けのパンフレット „Kinderwelten -Ein Krippenkonzept“ の一文として掲載されていたものである。

（10）原文では、„Die Kinder entdecken mit Begleitung der Erwacsenen jeden Tag freudig ein Stück mehr ihrer Welt,……“となっており、「毎日少しずつ自分たちの世界を発見していく」と訳す方が一般的だが、モイズィッヒの思想的背景を加味した上で、「ひとかけら（ワンピース）」と訳することにした。entdecken の目的語は Stück であり、ihrer Welt はこの Stück にかかる2格の名詞なので「彼らの世界の更なるひとかけらを発見する」と訳すことができる。

（11）シュテルニパルクから直接入手した内部資料 „SterniPark – die etwas andere Pädagogik–“ から引用した。原文は、「Das Spiel ist das Feld, auf dem Kinder den Umgang mit anderen Kindern erlernen」。

（12）OECD, THE DEFINITION AND SELECTION OF KEY COMPETENCIES Executive Summary : https://www.oecd.org/pisa/35070367.pdf 情報取得２０２２年11月１日

（13）シュテルニパルクから直接入手した内部資料 „SterniPark – die etwas andere Pädagogik–“ から引用した。

（14）ジョン・レノンの有名な逸話は、以下の通りである。“When I was 5 years old, my mother always told me that happiness was the key to life. When I went to school, they asked me what I wanted to be when I grew up. I wrote down‧ happy‧ . They told me I didn’t understand the assignment, and I told them they didn’t understand life.” https://www.goodreads.com/

quotes/282517-when-i-was-5-years-old-my-mother-always-told を参照。情報取得２０２２年11月1日

（15）https://www.oecd.org/education/education-at-a-glance/ を参照。情報取得２０２２年11月1日

（16）https://www.oecd-ilibrary.org/sites/3197152b-en/1/3/3/4/index.html?itemId=/content/publication/3197152b-en&_csp_=7702d7a2844b0c49180e6b095bf85459&itemIGO=oecd&itemContentType=book#section-d1e14896 を参照。情報取得２０２２年11月1日

（17）https://www.oecd-ilibrary.org/sites/3197152b-en/1/3/2/1/index.html?itemId=/content/publication/3197152b-en&_csp_=7702d7a2844b0c49180e6b095bf85459&itemIGO=oecd&itemContentType=book を参照。情報取得２０２２年11月1日

（18）https://www.oecd-ilibrary.org/docserver/3197152b-en.pdf?expires=1666612940&id=id&accname=guest&checksum=55AB596B3FE2987309C8BF9D094E1049 を参照。情報取得２０２２年11月1日

（19）この遊びの解釈については、巻田（2015：54）を参照した。

あとがき

本書は、私にとって三作目となる単著である。一作目の『赤ちゃんポストと緊急下の女性――未完の母子救済プロジェクト――』も、二作目の『学びの実践学――教師に必要なこと、ラーメン店主の学びにあり――』も、まじめに真剣に本気で書いた本だった。

そこで、今回は、あまり真面目になり過ぎず、遊んで書こうと思った。できるだけ気楽に、あまり突き詰めて考えないで、自由気ままに書こうと心掛けた。テーマが「おもちゃ」と「遊び」なので、これまでよりもライトにキャッチーに書こう、当初はそう思っていた。

だが、皮肉なことに、気楽にライトにキャッチーに書こうとすればするほど、これまでの二作以上に、産みの苦しみを味わうことになった。書き始めた頃は、「今回は、遊びの気分で、楽しく、自由に書こう」と思い、それはとても楽しい執筆活動だった。しかし、書き進めていくうちに、どんどん「遊び」が分からなくなっていき、見えなくなっていき、次第に原稿を書く（打つ）手が止まり、先に進まなくなる経験を何度もする羽目になってしまった。

今、振り返れば、本書の執筆は、私にとっては「最高の遊び」であり、それゆえに、これまで以上に、まじめに真剣に本気で取り組んでしまったのだと思う。次から次に知らないことや分からないことに出くわし、それを一つひとつ乗り越えていく。まるでアドベンチャーゲームの主人公のような気分だった。

ゆえに、本書の遊び論に基づけば、今回の執筆で、私はちゃんと遊ぶことができた、と言えそうだ。遊べたからこそ、無我夢中になり、何度も心が折れそうになりながらも、一冊の本としてなんとか無事に完成することができたのだ。


本書の主要なコンセプトは、「キッズビジネスとは何か」、「おもちゃとは何か」、そして「遊びとは何か」という三つだった。

この三つのコンセプトを通じて考えたかったのは、「なぜ今の日本はかくも遊びを忌避するのか」、ということだった。

この問題意識は、２０２０年2月頃から始まった「コロナ・パンデミック」の影響を強く受けている。コロナ禍の中で、日本中のすべての人が遊ばなくなったし、遊べなくなった。学校や幼稚園も閉鎖され、不要不急の外出の自粛の要請もずっと続いた。華やかなレジャー施設やテーマパークも休園が余儀なくされ、子どもたちは行き場を失い、家に閉じこもるようになった。外に出ても、マスクを着用しなければどこにも行けないし、表立って大きな声を上げることもできない。外に出ても地獄、内に閉じこもっても地獄。こんなに過酷な数年を過ごすことになるとは、２０２０年以前のわれわれは誰も予期しなかったことだろう。

遊ぶことが子どもの本来の仕事なのに、その「仕事」が自由にできなくなった。誰もが「コロナ・ウィルス」を恐れ、感染することを恐れ、遊び心を育むための手立てがほぼすべて奪われることになった――もっとも、強く怯えていたのは、大人たちだったが……――。その影響は、第1章で見たように、キッズビジネス業界においても多大だった。東京ディズニーランド・シーが臨時休園になったことはまだ記憶に新しい。

だが、それでも、近所の公園に行くと、子どもたちは自由気ままに遊んでいた。追いかけっこをしたり、鬼ごっこをしたり、サッカーをしたり、ブランコの周辺でおしゃべりをしたりしていた。マスクは着用していたが、それでも、子どもたちは遊ぶことをやめなかった。ただ、その公園を見ると、かつてはあった刺激的な遊具はなく、どこか物足りなさを感じる空間だった。

それ以上に深刻なのが、やはりこのわれわれの世界から「遊び」や「遊び心」が消えていっている現実ではないか、ということである。特にこの日本では、急速な勢いで「遊び」の精神が失われているように思う。それは、子どもが、ではなく、大人が、である。

21世紀に入り、日本の経済成長はぴたりと止まった。グローバル化の流れを受けて、国内の企業が次々に海外進出を果たし、国内の経済成長が止まっただけでなく、雇用の状況も激変した。正規雇用と非正規雇用の溝はどんどん深まり、日本中の大人たちから「余裕」や「ゆとり」や「遊び心」が急激に消えていった。正規雇用で比較的安定した職業の人たちも、「いつ自分も奈落の底に突き落とされるか」と怯えながら、生きるようになった。未来に希望も見いだせなくなった。

だからか、子どもへの教育投資もどんどん加熱していった。かつては「高校受験」と「大学受験」くらいしかなく、しかも、その進学者数も今ほど多くはなかった。しかし、今や「中学受験」に留まらず、「小学校受験」、「幼稚園受験」まであるのだ。未来の見えないこの国で、親たちは、「自分の子どもだけはなんとか……」と、乳幼児の段階から「受験」を意識した子育てをスタートさせている。

だが、親世代の大人たちも、自分がかつて幼い子どもだった頃、今の子どもたちよりももっともっとのんびりと、のびのびと過ごしていたはずである。少なくとも私自身は、とてものんびりとした自由な時間を過ごしていたと記憶している。インターネットやスマホがない時代だったからというのもあると思うが、今の子どもたちよりもはるかにゆるくてのんびりとした時間をあてどなく生きていたように思う。「何かしなければならないこと」がほとんどなかった。しなければならないことがなかったから、好きなことを好きなだけ自由に楽しむことができた。

だから、今の子どもたちを見ると、私は心の奥底から「ピティエ（憐み）」を感じるのだ。今の子どもたちは、親だけでなく、社会全体に管理され、自由が制限され、目先のあれこれの義務に追われ、「何も考えずに、時間も利益もなにも気にせずに、ただただ遊びに没頭する」というごく当たり前の経験ができなくなっている。その経験を支える環境も乏しく脆弱になってきている。

そんなピティエな現状に、一石を投じたい。そういう思いで、本書を書き綴った。日本の「18歳」を頂点とする受験中心の教育システムの見直しと、子どもたちのおもちゃと遊び、そしてそれを支えるキッズビジネス業界への理解と関心の広まりに、本書が少しでも貢献できれば望外の喜びである。

なお、本書のほとんどが書き下ろしである。第3章は、「遊ぶために生きる子どもたち――遊びと社会の哲学的省察――」（『千葉経済大学短期大学部研究紀要』第18号、

２０２２年）が基になっており、それに新たな研究資料や解釈を加えて再構成したものである。

また、本書は、２０２２年度千葉経済大学短期大学部学術図書出版助成金によって出版することが可能になったことを記しておく。

本書の刊行に際しては、一莖書房の斎藤草子さんと川田龍哉さんに大変お世話になった。斎藤さんには、前作の『学びの実践学』に引き続き、最初から最後まで本書のためにあらゆる点でサポートしていただいた。川田さんには、執筆期間中よりご助言をいただくと共に、校正原稿のチェックを丁寧にしていただいた。心よりお礼申し上げたい。

２０２３年１月11日

柏木恭典

〈著者紹介〉
柏木恭典（かしわぎ やすのり）
1975（昭和50）年、三重県四日市市に生まれる。2004（平成16）年、東京大学大学院教育学研究科博士課程中途退学。現在　千葉経済大学短期大学部こども学科教授。専門は、教育学、教育哲学、解釈学、児童福祉学、母子支援論、赤ちゃんポスト論、ケアリング論、サブカルチャー論、遊び論等。著書に、『Manabi and Japanese Schooling : Beyond Learning in the Era of Globalisation』（共著、Routledge、2020年）、『名前のない母子をみつめて――日本のこうのとりのゆりかご　ドイツの赤ちゃんポスト』（共著、北大路書房、2016年）、『学びの実践学――教師に必要なこと、ラーメン店主の学びにあり――』（一莖書房、2015年）、『赤ちゃんポストと緊急下の女性――未完の母子救済プロジェクト――』（北大路書房、2013年）、『保育士採用試験 短期集中マスター』（編著、ナツメ社、2013年）、『学校という対話空間――その過去・現在・未来――』（共著、北大路書房、2011年）、『離婚家庭の子どもの援助』（訳、同文書院、2008年）等がある。その他、論文等多数。

「遊んでないで」と言わないで　おもちゃと遊びのキッズビジネス

2023年3月15日　初版第一刷発行

著　者　柏　木　恭　典
発行者　斎　藤　草　子
発行所　一　莖　書　房

〒173-0001　東京都板橋区本町37-1
電話 03-3962-1354
FAX 03-3962-4310

印刷・製本／日本ハイコム　ISBN978-4-87074-247-5　C3037